「経営革新支援」の進め方

小林 勇治
日比 雅之 ─── 【編著】

同友館

はじめに

　平成11年に経営革新計画の承認制度が始まって以来19年間，平成28年度は全国で5,150件（平成29年3月末現在），延べ68,370件（平成29年3月末現在）の承認がなされ，本制度の必要性と重要性が認識されている。しかし，これは全国中小企業380.9万者（平成26年現在）の1.79％で，この制度の普及による影響効果をより高めるためには，さらなる推進が待たれるところである。

　そこで，社団法人中小企業診断協会東京支部（現（一社）東京都中小企業診断士協会）では平成20年6月に「経営革新計画実践支援研究会」（代表小林勇治）を立ち上げ，その中から有志で調査・研究を推進して「企業ドック構想」への対応を現実のものとすべく，中小企業診断士（以後，診断士と記す）17名により平成21年に『「経営革新支援」の進め方』（同友館）を上梓した。

　書籍は完売となり，増刷を求める声も少なくなかったが，今回研究会発足10周年記念事業として，前書の趣旨を尊重しつつも，かねてからの研究事項であった企業ドックの視点を充実させ，10名の精鋭で全面的に改訂を行い，新版として発行することとなった。

　今回は，第1章では企業ドック/MMM（ミーコッシュ・マンダラ・マトリックス）メソッドによる経営革新の実践プロセスについて述べ，第2章では経営革新計画承認後のMMMメソッドによる支援ノウハウ，第3章ではMMMメソッドによる事業革新期待効果算出と実現への具体策，第4章では財務デューデリジェンス，第5章では経営革新計画における承認申請書の書き方，第6章では経営革新の実践支援について説明し，第7章では経営革新の実践支援事例を挙げている。また，巻末には付属資料として要素整備度ツールの一部を掲載した。

　なお，本書で紹介しているMMMメソッドの理論と手法は，編著者の小林が33年間かけて作り上げてきたものである。これらの研究成果を効果あるも

のにするには，個人のノウハウを公開することになるので，本来は正しい使い方の研修や登録商標に関する取り決めに従う必要と，より深い研鑽と実務に基づくノウハウが求められるが，この調査研究が数多い中小企業の経営革新の一層の普及に役立ち，ひいては中小企業の発展に寄与できるならば望外の喜びとするものである。

　最後に，度重なる原稿修正にもかかわらず，本調査研究に協力していただいた関係各位に深く感謝申し上げたい。

平成30年5月

執筆者を代表して

小林勇治・日比雅之

⊙目次⊙

はじめに　iii

第1章　企業ドック/MMMメソッドによる 経営革新の実践プロセス …………………………………… 1

1. 経営革新計画承認の本来の意味と目的・プロセス　2
2. MMMメソッドによる総合診断で1次期待効果算出と見極め　7
3. 戦略ビジョンで2次期待効果を算出し全員で共有　13
4. 経営革新As-Is・To-Beモデルでさらなる具体化を図る　18
5. 経営革新計画書の承認申請とフォローアップ　23

第2章　経営革新計画承認後のMMMメソッドによる 支援ノウハウ ……………………………………………… 25

1. 支援ノウハウとしてのミーコッシュとは　26
2. マインドウェア（考え方・あり方）支援の具体策　34
3. ヒューマンウェア（スキル・やり方）支援の具体策　41
4. コミュニケーションウェア（約束事・EDI）支援の具体策　49
5. ソフトウェア（知的財産権）支援の具体策　58
6. ハードウェア（有形資産）支援の具体策　64

第3章　MMMメソッドによる 経営革新期待効果算出と実現への具体策 ……………… 71

1. 期待効果算出方法はいろいろある　72
2. 1次期待効果の速攻算出でやる気を引き出せ　74
3. ABCによる2次期待効果の算出でトドメを刺せ　80
4. 経営革新計画実現へ2つの承認をとれ　86

5. 経営革新計画実現への障害はこのようにして乗り切れ　91

第4章　財務分析の留意点 ………………………………… 95

1. 貸借対照表（B/S）の分析　96
2. 損益計算書（P/L）の分析　99
3. キャッシュフロー（C/F）分析　101
4. 財務指標による分析　102

第5章　経営革新計画における承認申請書の書き方 …………… 105

1. 経営革計画申請の概要　106
2. 経営革新計画申請書の書き方　110
3. 経営革新計画承認のメリット　118

第6章　経営革新計画の実践支援 ………………………… 123

1. 経営革新の実践支援　124
2. 経営革新計画実践のモニタリングとその支援　127
3. 経営革新計画承認企業のフォローアップ　138
4. フォローアップ担当者としての留意点　139

第7章　経営革新支援事例 ………………………………… 141

1. ミーコッシュ革新で経営革新/IT構築に成功した㈱甲州屋呉服店　142
2. 建設・橋梁市場への進出と人材育成で躍進する丸良興業㈲　150
3. 入浴専門の3時間デイサービスを事業化した㈱いきいきらいふ　157

4. 3D画像を使った新実体顕微鏡で新市場開拓を推進する
   カートン光学㈱　**165**
5. 女性用高級ケアブランドの開発で躍進する㈱バルドゥッチ　**172**
6. 砂場清掃を新型機導入で効率化したサンドナイス　**179**
7. eSIHINBUN で社員が元気に
   ㈱ビジネス・インフォメーション・テクノロジー　**186**

付属資料　**要素整備度のツール集** ……………………………………… **193**

第 **1** 章

企業ドック/MMM メソッドによる
経営革新の実践プロセス

経営革新計画承認の本来の意味と目的・プロセス

(1) 経営革新計画承認の意味

「経営革新計画承認」は，①新製品の開発または生産，②新役務の開発または提供，③商品の新たな生産または販売の方式，④役務の新たな提供の方式の導入その他の新たな事業活動，の4つのいずれかの新事業活動によって経営革新を行う事業体に都道府県が承認するものである（詳細は第6章で説明）。

(2) 経営革新計画承認のバックグラウンド

「経営革新計画承認」の理論的バックグラウンドは，経済発展がイノベーションによってもたらされることを明らかにしようとした学者，シュンペーターである。

彼は，「イノベーションとは，経営資源の『新しい結合』によって起きる，従来の延長線上での改善の積み重ねとは違った，非連続的な変化をいう」とし，この変化を創造的破壊と呼んだ。

イノベーションは技術革新とも呼ばれ，技術の革新に重点が置かれることもあるが，彼は技術の革新だけでなく，次のような5つの種類（「新しい結合」）があるとしている。

① 新しい製品やサービスの創出

イノベーションの典型的なもので，世の中にまだ知られていないものを新しく作り出すことである。

よく挙げられる例であるが，馬車は何台つないでも鉄道にはかなわない。馬車から鉄道に変わるためには，そこに質的な変化がもたらされているからである。このような変化をシュンペーターは新しい製品の創出といったのである。ラジオからテレビへ，電話からSNS（ソーシャルネットサービス）への社会の変革は，このような技術革新によってなされてきた。

新しいサービスの創出の例としてよく挙げられるのが「クロネコヤマトの宅急便」である。また，アマゾンの本のネット販売は，今までにないサービスの提供で，サービスの創出を行った。

② 新しい生産方法の導入

経営革新というのは新しい製品やサービスを作り出すだけではない。新しい生産方法を導入することによっても，もたらされる。例としてトヨタのカンバン方式が挙げられるし，最近ではIOT（もののインターネットとのつながり）によって自動車産業に大いなる革新が起ころうとしている。

③ 新しい市場の開拓

従来，その企業が参加していなかった市場を開拓することである。例として，アマゾンが新しくスーパーマーケットに進出し，消費者に販売を行うことなどが挙げられる。

それほど画期的なことではなくても，たとえば海外市場に新たに販路を作っていくこともイノベーションに当たるであろう。

④ 原料や半製品の新しい供給源の確保

原料や半製品の新しい供給源の確保としては，鉄鉱石・非鉄金属などの例があるが，インターネットの発達により，世界市場から製品の最適の調達を小売業としては最初に行ったウォルマートもこの中に入るであろう。

⑤ 新しい組織の実現

同業種の企業が新しく株式を持ち合ったり，あるいは新しく一緒に新会社を作って1つの部門を独立させるなど，新しい組織を作ることをいう。トラストなどは法律で禁じられているが，これに反しない範囲でのホールディング会社等による統合であれば，これにより新しい市場を開拓したりしやすくなるというメリットがある。

以上のようなシュンペーターの考えは，「経営革新」を理解するために示唆に富むものである。

（3）経営革新本来の意味と目的

　制度として20年にも及ぶ経営の基本となるものであるが，これを真に効果あるものとする実践編が求められる。なぜなら，経営革新計画は単に承認をとるのが目的ではなく，経営革新計画を実践して，企業の発展，従業員の幸せ，取引先の繁栄，地域社会への貢献等に結びつけてこそ，その本来の目的が達成したといえるからである。

　本書では，経営革新計画の承認をとることのみでなく，真に効果あるものとするための実践編として，どのようにすべきかを取り上げていきたい。

（4）効果ある経営革新のプロセス

　筆者の30余年にわたる経営革新支援から，効果的なそのプロセスの一例を示すと図表1-1のようになる。その全体プロセスを説明したい。

　MMM（ミーコッシュ・マンダラ・マトリックス）メソッドの革新手順は，図表1-1に示すように，実施手順，経営革新（事業），使用ツール，経営革新（財務・会計）からなっている。実施プロセスは，大きく分けて①総合診断，②戦略ビジョン，③経営革新As-Is（現状業務）モデルでの問題点抽出・To-Be（革新業務）モデルの策定（これは経営革新計画承認のための作成だけでなく，真に企業の経営革新には何が必要かを検討する），③経営革新承認申請，④経営革新の実践支援，⑤フォローアップからなっている。

　経営革新（事業）については，次節で細かく説明する。また経営革新実現のための使用ツールは，適宜資料として添付するので参考にしてほしい。経営革新（財務・会計）に関しての説明は第3章で説明する。

① 総合診断策定で経営革新のあらかたの効果を見る

　ここでは，MMMメソッドを用いて企業の要素整備度を現在と，革新後の

図表1-1（ツール238） MMMメソッド経営革新手順（Ver.11）

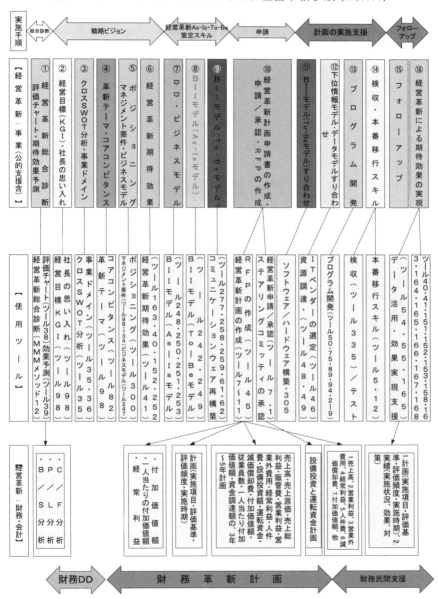

第1章　企業ドック/MMMメソッドによる経営革新の実践プロセス

予測をし，要素整備を高める経営革新によって，営業利益の1次期待効果をプロジェクトメンバーに示し，メンバーの意欲高揚を図る（これについては次節で述べる）。

② 戦略ビジョンの作成でプロジェクトの最終期待効果を算出し手戻りをなくす

目的を明確にし，課題を見つけ，解決のためのマネジメント要件を抽出し最終期待効果を算出する。進捗が先に行って横道にブレたり，手戻りしそうになったときに，このビジョンで目的の再確認し，ブレを防ぐ（これについては3節で詳しく述べる）。

③ 経営革新As-Is・To-Beの策定で問題点の摘出と解決案を具体化する

現状業務の課題をAs-Isモデルで示し，解決案をTo-Beモデルで示すことによって，具体化と透明化を図る（4節参照）。

④ 経営革新計画の申請で社内・社外にオーソライズする

経営革新は，トップおよび現場承認と社外の承認を図り，計画だけが独り歩きしないようにする。会社全体の活動として認めてもらうことである（都道府県への申請については第5章で記述する）。

⑤ 計画書の実践支援の実際

経営革新計画を申請し，承認を得ることだけが目的ではない。真に効果あるものとして，経営革新の現場への浸透を図る必要がある。それを支援することが，コンサルタントに求められていることではないだろうか（第2章以降に述べる）。

⑥ 計画実践のフォローアップの進め方

実践支援の進捗チェックを行うことで確実に効果を上げる必要がある。次からその明細を説明したい（第6章参照）。

② MMMメソッドによる総合診断で 1次期待効果算出と見極め

　「経営革新計画承認」では，前述したように4つの新事業活動を取り上げているが，ここではそれに必ずしも含まれていない既存事業の経営革新も含めて（ここでは広義の経営革新という），企業全体の革新1次期待効果を算出し，プロジェクト全体にやる気を引き出すとともに，経営革新の目的が明確になってくることを示す。そして，公的支援から，民間ベースの支援に継続して支援できるようにするにはどのようにしたらよいかを考えてみたい。この手順を示すと図表1-2のようになる。

(1) 公的機関の専門家派遣事業の活用（総合診断ステップ1）

　この段階では，公的支援を受けることを承知しているだけで，必ずしも民間ベースのコンサルティングを依頼しているわけではない。よって，ここでは公的で無料のミラサポ（3回まで），商工会議所の専門家派遣（小規模事業者：エキスパートバンク：3回まで）で支援し，一部負担の中小企業基盤整備機構の専門家派遣（6か月～1年間/月2～3回，事業によって異なる），都道府県の専門家派遣（8回まで），等の利用が考えられる。

　ミラサポやエキスパートバンクは無料であるが3回までという制約がある。この場合は，要素整備度の向上による図表1-2のステップ5の「1次期待効果」まで算出し，経営革新を行うことによって営業利益の向上額を算出してプロジェクトのやる気を引き出すとともに，民間支援につなげようとするものである。

　理想的には8回での支援で，図表1-2の総合診断ステップ9「戦略ビジョンステップ別2次期待効果」の算出まで進み，裏付けのある期待効果を経営者等に提示して，それを実現することへの支援の大切さを理解していただき，民間ベースのコンサルティングに結びつけられればベストである。

第1章　企業ドック/MMMメソッドによる経営革新の実践プロセス　**7**

図表1-2（ツール76）　企業ドック/MMMメソッド総合診断（Ver.5）

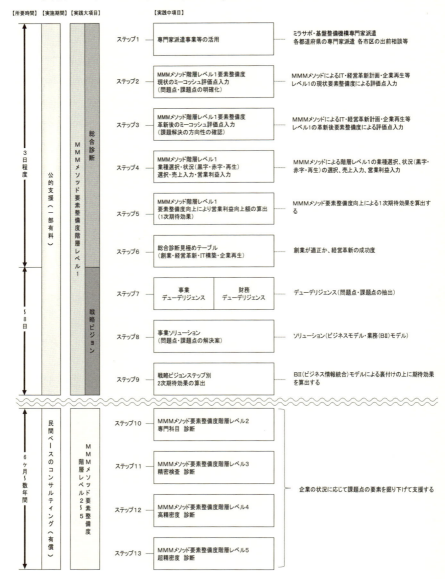

(2) MMMメソッド階層レベル1　ミーコッシュ現状要素整備度評価（総合診断ステップ2）

　図表1-3に示す評価基準により，ここでは5つのウェア別の現状要素整備度評価と将来革新予測をする必要がある。

図表1-3　要素整備度レベル評価スコア表

要素整備度評価表	要素整備度レベル	要素整備度評価の内容		評価スコア
	レベル1	IT・経営革新・企業再生等成功のための諸条件が，殆どできていない。又は殆どできない。		1
	レベル2	〃	あまりできていない。又はあまりできない。	2
	レベル3	〃	なんとかできていいる。又はなんとかできる。	3
	レベル4	〃	ほぼできている。又はほぼできる。	4
	レベル5	〃	完全にできている。又は完全にできる。	5

　要素整備の度合いによってレベル1から5までとし，レベル1の場合は評価点1，レベル2の場合は評点2という具合に，レベル5の評価点後の範囲で評価する。マインドウェア（考え方・あり方）5項目，ヒューマンウェア（スキル・やり方）5項目，コミュニケーションウェア（約束事・EDI）5項目，ソフトウェア（知的財産権）5項目，ハードウェア（有形資産）5項目からなっており，要素項目別に5×5＝25個の評価をするのが要素整備度別総合診断である。

　記入個所は，図表1-4で示した要素整備度欄の左端「現状」に記入していくことになる。ここで，現状の要素整備度の不整備なところを正しく認識する必要がある。

(3) MMMメソッド階層レベル1　ミーコッシュ革新後の要素整備度の計画（総合診断ステップ3）

　現状の要素整備度を認識したら，次に，要素整備度欄の1年後，2年後，3年後に至る時系列に，要素整備度を上げる目標値を記入する。ここでの目標値は，プロジェクトメンバーや社長の改革意欲が表れることになるが，単なる期待や思い入れだけでは革新効果は表れないことを肝に銘じるべきである。

第1章　企業ドック/MMMメソッドによる経営革新の実践プロセス　　9

図表1-4　MMMメソッド要素整備度評価表（Ver11.4）

要素整備度評価表 Ver11.4

	記述日	
	評価者	

機能番号1　：　企業ドック/要素別・階層別診断（原稿用）　/　階層レベル1　/　共通総合診断（階層レベル1）

要素整備度評価表	要素整備度レベル	要素整備度評価の内容	評価スコア
	レベル1	IT・経営革新・企業再生等成功のための諸条件が、殆どできていない。又は殆どできない。	1
	レベル2	〃　　あまりできていない。又はあまりできない。	2
	レベル3	〃　　なんとかできている。又はなんとかできる。	3
	レベル4	〃　　ほぼできている。又はほぼできる。	4
	レベル5	〃　　完全にできている。又は完全にできる。	5

NO	評価項目	評価項目の補足説明	要素整備度			
			現状	1年後	2年後	3年後
2 マインドW（考え方・あり方）	経営者/経営理念	①経営理念の成文化、②経営者の自己変革、③社員との信頼関係の構築、④企業倫理、⑤リーダーシップ等は適正か。（ツール141・142参照）				
	経営戦略（ビジョン）	KGI（最終到達目標）・SWOT分析・成功要因・ドメイン・コアコンピタンス・マネジメント要件・期待効果等は適正か。（ツール98-1・132・35・36・38・39・82・134・40参照）				
	組織能力	組織デザイン、組織構造、組織マネジメント、企業文化、価値観の共有、等は適正か。（ツール23・24・121・122・204参照）				
	社会的責任	経営の透明性、環境対応、社会的要請への対応、雇用・安心・安全整備は適正か。				
	人材育成	社員の自主性、共に学び共に育ちあう社風、対等な労使関係、社員・組織体の業績評価、HMR（人的資源管理）整備は適正か。（ツール85・86・148・162・169・200・263参照）				
3 ヒューマンW（スキル・やり方）	内部・外部環境（問題点・課題点）分析スキル	STEEP分析・業界関係分析・ファイブフォース分析・SWOT分析・4C分析等スキルは十分か。（ツール28・28-1・29・30・31・32・35・81・81-1参照）				
	ソリューションスキル	ビジネスモデル、BIIモデル（As-Is・To-Beモデル）、企画書・計画書・調達・開発・運用・保守等のスキルは充分か。（ツール315・315-5・315-7・248・249・参照）				
	技術力	研究開発技術・生産技術・流通技術・人材育成技術・情報技術は充分か。（ツール94・95・96・272・226・339参照）				
	企業ガバナンス	統制環境業務・リスク評価と対応業務・統制活動業務・情報と伝達業務・ITへの対応業務プロセス構築は出来ているか（ツール248・249参照）				
	ライフステージEXIT（出口）戦略スキル	創業・経営革新・IT構築・M&A・企業再生・廃業・再チャレンジ・ノウハウは持っているか。（ツール77・237・25参照）				
4 コミュニケーションW（約束事・EDI）	法律政令・省令の遵守	商法・新会社法・労働法・中小企業基本法・税法等を理解し、遵守までの時間は算出され、それは適正か。				
	企業内の約束ごと	従業員マナー（ANAの例）、従業員行動規範、分掌規定、就業規則・附則・その他等は理解され順守され、それは適正か（ツール277参照）				
	コミュニケーションルール	メラビアンの法則・セリングルール・コミュニケーションの基本原則・コーチングルール・ファシリテーションルール（ツール120・193参照）				
	ビジネスプロトコル	商慣行、取引基本契約・取引運用規約・取引表現規約・取引通信規約整備等は適正か。（ツール258・259・277参照）				
	ネットワーク、情報共有、情報公開	ネットワーク形態・通信サービス・情報公開・社内の情報共有・ビジネスパートナーとの共有有等の整備は適正か。（ツール277・304・305参照）				
5 ソフトW（知的財産権）	ソフトプログラム以外の知的財産権	特許権・実用新案・意匠権・商標権・著作権の管理・整備は適正か。（ツール336参照）				
	業務系ソフトウェア	資源調達・製造・物流・販売・サービス等の業務ソフトは適正か。（ツール219・336・347・373・380・413参照）				
	コミュニケーションソフトウェア	電子コミュニケーション・電子会議ツール・共同管理（コーディネーション）・電子掲示板・ライブラリー機能等のソフトは適正選択しているか（ツール305参照）				
	セキュリティソフトウェア	業務系ソフトウェア、情報系ソフトウェア、コミュニケーションソフトウェア、セキュリティソフトウェア等の維持管理は適正か。（ツール304参照）				
	オペレーティングステム(O/S)	Android、BSD、iOS、Linux、Microsoft Windows、OS X、Windows Phone、IBM z/OS などは適正なものを選択しているか。				
6 ハードW（有形資産）	土地	社有地の有効活用度合、社有地の賃貸有効活用度合、社有地の価値、賃借地の活用度合:賃借地の価値と地代等は適正か。				
	建物	社有建物の有効利用度合、賃貸建物の有効活用度合い、社有建物の価値と担保能力、賃借建物の有効活用度合い、賃借建物の価値等と地代との判断から適正か				
	設備・車輌	社有設備・車両:社有設備・車両の活用度合い、社有設備・車両の担保能力、賃借設備・車輌の活用度合い、賃借設備・車輌の価値から見て賃借料等は適正か。				
	セキュリティ機器	オートロック、生態認証、防犯カメラ、他の防犯機器、UTM（総合脅威管理機器）の整備は適正か。				
	情報機器	端末システム機器、クライアント・サーバー関連機器・生産製造関連機器・物流関連機器・通信関連機器等の整備は適正か。（ツール184参照）				

※上表においては、MMMの1～8のうち、1．品質、7．コスト、8．時間は定型的なので記載しない。2～6の部分のみ評価を行う。

また支援者は，ここの大切さを具体的に説明できるかがポイントとなるが，ここでのさらなる具体化は第2章で詳しく掘り下げることになる。

（4）MMMメソッド階層レベル1　業種選択・状況選択・売上・営業利益の現状確認（総合診断ステップ4）

　要素整備度評価が終わったら，次に，業種別，経営状況別（黒字企業か赤字企業か再生企業か選択する），売上，現状営業利益を確認する。

① 業種選択

　建設業，製造業，情報通信業，運輸業，卸売業，小売業，不動産業，飲食業，宿泊業，サービス業から選択する。

② 状況選択

　経営の状況を表すもので，黒字企業，赤字企業，再生企業（債務超過企業）から選択する。

③ 売上

　売上は，現状の数値を入れ，3年後も同じ売上で計算したほうがわかりやすい。なぜなら売上が伸びれば，営業利益も伸びる可能性が高いからである。

　しかし，真に経営革新の向上によって，営業利益がどの程度伸びるかを知るには，3年後も同じ売上で，どの程度向上するかを見たほうが理解されやすい。

④ 営業利益

　要素整備が向上し，現在の営業利益からどの程度向上するかを見るのであるが，ここでは現在の営業利益（または営業赤字）を確認するだけである。

第1章　企業ドック/MMMメソッドによる経営革新の実践プロセス　　11

(5) MMMメソッド階層レベル1　革新後の要素整備度向上による1次期待効果の算出（総合診断ステップ5）

　要素整備度，業種選択，経営状況，売上，営業利益を把握したら，要素整備度の革新向上によって得られる営業利益向上額を算出する。

　これは詳しく述べられないが，過去の中小企業経営指標データ等にある一定のアルゴリズムで乗じて算出していて，プログラムによって自動的に算出されるようになっている。

　書籍のため提供できないのが残念であるが，興味のある方は，MMMメソッド　レベルⅠ講座（毎年3月に集中講義）に参加していただきたい。無料でプログラムの提供をしている。

(6) 総合診断見極めテーブル（総合診断ステップ6）

　評価点が算出されたら，現状または革新後の評価点で経営革新のどの要素整備度であるかを見極めることになる。

図表1-5（ツール3-1）　総合診断見極めテーブル

ランク	スコア合計	創　業	経営革新	ＩＴ構築	企業再生	摘　　　要
A	110点～125点	◎	◎	◎	×	創業・経営革新・ＩＴ構築支援共に可能である。
B	85点～109点	○	○	○	△	創業・経営革新・ＩＴ構築共に可で、企業再生は突発的財務の特殊要因が考えられる。
C	60点～84点	○	△	△	○	創業・企業再生共に可能。経営革新・ＩＴ構築は要素整備度を上げる必要がある。創業・企業再生は支援対象となる。
D	35点～59点	△	×	×	△	創業と企業再生が支援の可能性あり。経営革新・ＩＴ構築は相当の整備度を上げないと、失敗する。
E	25点～34点	×	×	×	×	このスコアはすべてのライフステージで失敗する可能性が高い。

◎印：成功率は非常に高い
○印：成功率は高い
△印：努力すれば成功できるか、該当に値しない
×印：失敗の確立が高いか、該当しない

36社の要素整備度調査：成功企業　90.0点
　　　　　　　　　　　　失敗企業　29.6点

ミーコッシュ経営研究所調査

図表1-5は，経営革新計画の例で説明するなら，59点以下なら経営革新に失敗する可能性が高いことになる。60～84点ならば努力すれば経営革新に成功するというレベルである。85点から109点に該当する企業は，成功率は高いといえる。また110点～125点までの企業は，成功率は非常に高いということができる。

③ 戦略ビジョンで２次期待効果を算出し全員で共有

　全体のプロセスを説明したので，ここでは企業ドック/MMMメソッドによる戦略ビジョンについて説明する。というのも，MMMメソッドによる戦略ビジョンは，要素整備度向上による１次期待効果算出と，より裏付けのある２次期待効果算出が表示できるようになっているからである。

(1) 最終到達目標（KGI）を示す（図表1-6参照）

　この企業またはプロジェクトの最終到達目標をKGIとして表す。何のためにやるのか，何を目的にしているのかを一言で表すことになる。

　たとえば，少し古い話になって恐縮だがわかりやすいので挙げると，日産自動車が，窮境に陥った場合にゴーン社長が掲げたKGIがある。1999年では「NRP（日産リバイバルプラン）」であったし，2002年では「日産180」であった。180の意味は，グローバルで100万台の増産，営業利益率8％，有利子負債0を意味するもので，社内外の人間にとってわかりやすい一言で表している。

(2) 社長の思い入れ（経営理念）を明確に伝える

　ここでは，社長の思い入れや，経営理念が明らかにされる。同じく日産自動車の当時の例を挙げると，「モチベーション」をいかに上げるかに心を砕いている。コストの引き下げに関して，社内から5％の引き下げ案があがったとき

第1章　企業ドック/MMMメソッドによる経営革新の実践プロセス　　**13**

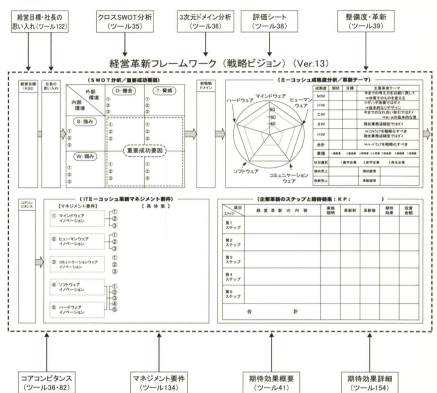

図表1-6（ツール98-1） ミーコッシュ戦略ビジョン策定ツール（Ver.13）

　でも，一方的に否認するのではなく，他社のコストの例を示し，もう少し努力できる余地があるのではないかと，丁寧な説明をしている。

　このように，部下のやる気を引き出しながら，積み上げていった結果，20％のコスト削減を掲げることができたといわれている。上からの押し付けではないようにして，現場のモチベーションを引き出していったことが大きいということができるのである。

(3) SWOT分析（強味・弱み・機会・脅威）で自分の会社を知る

内部環境としての自社の強味・弱み，外部環境から見た機会・脅威を洗い出し，その交点の中に成功要因を抽出することによって，どのようにすればよいかの「解」が見え始めることになる。

同じく日産自動車の例では，強味と機会（チャンス）の交点のところでは，①成果を見えるようにする，②透明性を確保する，③公平な業績評価等を抽出している。強味と脅威の交点のところでの成功要因は，①ローコスト経営に移行する，②遊休資産の売却，③ルノーとの提携によるグローバル化等が抽出される。

(4) 新戦略ドメイン

自社の分野，領域をドメインというが，企業の生存領域をどこに置くかを端的に表すことになる。図表1-7の日産自動車の例でいうと，「グローバル企業への変身と系列の排除」ということになろうか。各企業と，置かれた環境によって，異なってくることは当然である。

(5) 要素整備度と革新テーマ

これは，筆者の考え方で，経営革新を成功させるための要素を大きく5つ挙げ，その要素整備度によって，事業性評価をやることは，前節で説明した。

そして，要素整備度の向上によって1次期待効果の営業利益向上を導き出すという仮説である。

① マインドウェア（Mind Ware）

考え方・あり方の革新である。日産の例では，「今までの考え方を白紙に戻して，体質そのものを変える」ということになろう。

② ヒューマンウェア（Human Ware）

スキルややり方の革新である。日産の例では，「ツギハギ改善ではだめで，

図表1-7 ミーコッシュ戦略ビジョン（日産自動車例）分析（Ver.2）

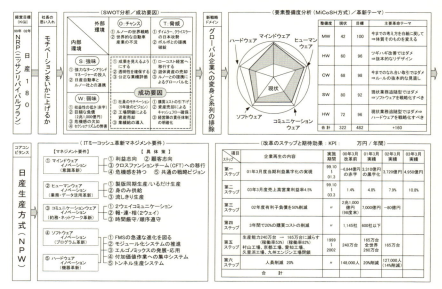

FMS：フレキシブル生産システム，MW：マインドウェア，HW：ヒューマンウェア，CW：コミュニケーションウェア，SW：ソフトウェア，HW：ハードウェアを表す。

抜本的なリデザインをする必要がある」ということになる。

③ コミュニケーションウェア（Communication Ware）

約束事やEDI（電子的データ交換方式）の革新である。日産の例でいうなら，今までのなれ合い取引ではダメで，系列排除等，ルールの抜本的な見直しが必要になる。

④ ソフトウェア（Soft Ware）

知的財産権のことで，ここではプログラム開発が相当する。日産の例でいうなら，現状業務追随型ではダメで，ソフトウェアを戦略化すべきであるということになる。

⑤ ハードウェア（Hard Ware）

有形資産のことで，日産の例では現状有形資産追随型ではダメで，ハードウェアを戦略化すべきということになる。

なお，図表1-7で示したのは，要素整備度がどの程度向上したかについての筆者の勝手な採点なので，事実と異なることもあり得ることをお断りしておきたい。

(6) コアコンピタンス

コアコンピタンスは，企業の核となる能力を表すもので，①模倣困難性，②移動可能性，③代替可能性，④希少性，⑤耐久性などによって見極めることになる。

日産の場合は，日産生産方式（NPW：日産プロダクトウェイ）が考えられよう。

(7) ITミーコッシュ革新マネジメント要件

ここでは，革新テーマを実現する場合のマネジメント要件を挙げる。

①マインドウェアイノベーション（考え方・あり方革新）の要件としては，日産の例ではa.利益志向，b.顧客志向に転換することであった。c.組織的にはCFT（クロスファンクションチーム）を作って，組織横断的な改革チームにしたことである。d.危機感を持って事に当たり，e.共通の戦略ビジョンを持って，全員で参加する意識を高めたことである。

(8) ステップ9で確定的な期待効果の算出

要素整備度による1次期待効果算出は，プロジェクトに勇気を与えるために早期に利益向上を示し，参加者に意識を鼓舞する狙いがあるが，総合診断ステップ9では具体的な裏付けのもとに根拠を深掘りし，期待効果を算出するものであり，効果の確実性が高いものになる。

第1章　企業ドック/MMMメソッドによる経営革新の実践プロセス　**17**

❹ 経営革新As-Is・To-Beモデルでさらなる具体化を図る

(1) デューデリジェンス（課題抽出）としてのビジネスAs-Isモデルの策定

　現状のAs-Isビジネスモデル（図表1-8）を鳥瞰すると，ビジネスモデルが時代の変化に適応しているか否かを見ることができる。
　呉服店を例にとると，
　① 呉服市場の衰退（93年市場12,992億円→16年2,785億円：矢野経済研究所推計）
　② 生活スタイルの変化（持つこと→使うことへ変化してきている）
　③ お客のタンスの中は一杯になっている
　④ 生活の洋風化（和服→洋服）が一層進んでいる
　⑤ 着物を着たいが，着るのは面倒と考えるようになった
等がある。

(2) ソリューション（問題解決）としてのビジネスTo-Be（革新）モデルの策定

　それらの環境変化に対応するのが，レンタル方式を取り入れた新しい呉服のTo-Be（革新）ビジネスモデルである（図表1-9参照）。

　① 利用顧客にとってのメリット
　a. 買い揃えをすることなく，高品質，低コストで着用経験のない初心者の人でも安心。b. 着付もセットで行うので，着用の心配もいらない。C. 購入後の保管や手入れの心配もすることなく，さまざまな用途に合わせてすぐ利用できる。

　② 呉服小売店のメリット
　a. 在庫を抱えず，顧客から預った着物をレンタルするので在庫金額が膨らま

図表1-8（ツール315）　呉服店のビジネスモデル（As-Isモデル）

図表1-9（ツール247）　呉服店のTo-Be（革新）ビジネスモデル

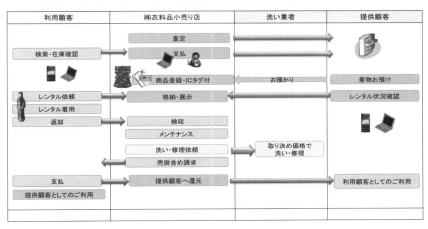

ずコストがかからない。b.しばらく来店のない顧客の掘り起こしとして，お預かりシステムを活用することができる。c.簡単でわかりやすいレンタルシステムにより，新規顧客を開拓することができる。

第1章　企業ドック/MMMメソッドによる経営革新の実践プロセス　19

③ 洗い業者および④提供顧客のメリット

a.洗濯・シミ・補修加工の単価をルール化することで，お客様と洗濯業者に安心感を与える。b.支払案内をお送りすることで，照合・請求処理の手間が省ける（業者は請求書を出す手間が省ける）。c.洗い・修理専門店に出すことで商品の劣化を少なくできる。

（3）デューデリジェンス（課題抽出）としての業務As-Isモデルの策定

　ビジネスモデルのAs-Is（現状）と，To-Be（革新）が作成されたら，さらに業務モデルとしてのAs-Is，To-Beを作成する必要がある。業務モデルを，私はBII（ビジネス・情報・統合）モデルといっているが，業務フローと情報フローを統合させて，ユーザーとITベンダーの双方が理解しやすいように工夫したものである。通常，経営革新にはITが導入されることも多く，ここまで掘り下げて確認する必要がある。図表1-10は製造業のデューデリジェンスとしての業務As-Isモデル例である。

　業務フローを見える化することによって，問題点（課題）が抽出される。

① 発注データがEDP（コンピュータ）化されていない

② 発注商品名と仕入伝票の商品名が異なることがある

　（単価チェックがパートではできない）

③ 販売・購買システムと会計システムが二重入力になっている

④ 資材発注数量がロット単位のために在庫が余る要因になっている

等の問題点（課題）を明らかにすることができる。

（4）ソリューション（問題解決）としての業務To-Beモデルの策定

　問題点（課題）が明確になったら，解決案を示す必要がある。具体的な解決案が図表1-11である。このように，ビジネス系の業務フローとIT系の業務フローを統合して記述することによって，現場業務の人とITベンダーや経営者との意思疎通ができるようになるだけでなく，ギャップを防止することが可能となる。

図表1-10（ツール248） 現状購買（買掛）業務（As-Is・BIIモデル）

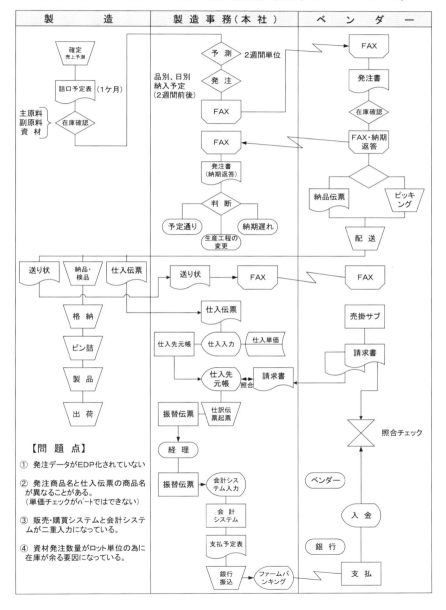

第1章 企業ドック/MMMメソッドによる経営革新の実践プロセス 21

図表1-11（ツール249） 革新購買（買掛）業務（To-Be・BIIモデル）

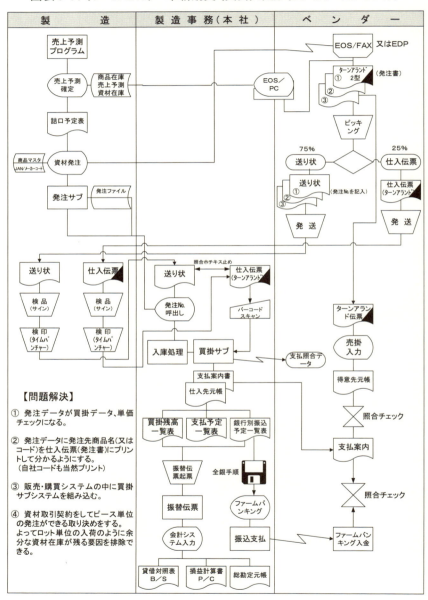

22

ここでの解決案は，
① 発注データが買掛データ，単価チェックになる
② 発注データに発注先商品名（またはコード）を仕入伝票（発注書）にプリントしてわかるようにする（自社コードも当然プリント）
③ 販売・購買システムの中に買掛サブシステムを組み込む
④ 資材取引契約をしてピース単位の発注ができる取り決めをする
これによって，余分な資材在庫が残る要因を排除できる。

5 経営革新計画の承認申請とフォローアップ

(1) 社内承認の必要性

　通常，経営革新計画承認は，各都道府県に申請し，承認をとることを意味する。しかし，筆者の30余年の経験からすると，社内の申請承認も大切なことといえる。なぜなら，この計画が「ある特定の人によって作成されたものだ」と認識されると，参加意識が低下してしまうからである。

　経営革新は全社一丸となって実行することによって，その効果が高まるということからすれば，社員全員がいるところで社内説明会を行い，質疑応答を受ける必要がある。また，情報システム等の投資がかさむことがあるとすれば，ステアリングコミッティでの説明，承認が求められよう。

　これをないがしろにすれば，計画だけが独り歩きし，空回りして，失敗の道をたどる可能性もある。

　また，中小企業診断士等の支援者にとって最も大切なことは，期待効果を実現するための民間ベースのコンサルティング支援の承諾を得ることであろう。

(2) 社外の承認・承諾の必要性

　当然ながら，この制度からして，各都道府県への申請承認が求められる。こ

れについては，第6章で詳しく述べる。

　ここでは，経営革新に必要な，ステークホルダーに対する説明と承諾が求められるケースがある。特に調達・仕入先や販売先とのサプライチェーンを構築する経営革新の場合においては，ネットワークや通信手順・伝票フォーマットの変更，受発注システムの変更が伴うことも少なくなく，これらの事前承諾が求められる。また，支払方法の変更や，請求方法の変更，訂正時の方法の変更等も詳しく事前に説明しておく必要があろう。

（3）計画の実施支援は支援者の真骨頂である

　経営革新計画の承認を受けたのち，これをいかに実現していくかが，最も大切なことと同時に，難しい局面でもある。特定の幹部や特定部門（たとえば情報システム部門等）の人だけで作った経営革新は，実行する段階になって，現場から猛反対されることが少なくない。これをいかに防いで，経営革新を実現するかは，支援者の真骨頂である。

　反対を防ぐためには，総合診断ステップ8の事業ソリューション策定時に現場の人を交えて，納得のいくまで討議しておく必要がある。ここで権力に任せて強引に承諾させると，実施段階で不満が噴出し，「これもできない」「あれもできない」という反対意見が出てきて，収拾がつかなくなる可能性が潜んでいる。詳しくは第2章以降の説明になる。

（4）経営革新期待効果実現のためのフォローアップ

　フォローアップは，経営革新のための情報システム構築実施支援等が終わって，経営革新が軌道に乗ってきた段階であるが，それも監視していないと，いつの間にか実行しないままになる可能性がある。戦略ビジョンで立てた「ステップ別期待効果」が確実に上がっているかを注視して，当初の予定どおり実行されることや，場合によっては計画修正を行い，それを実現できるように支援するのが主な仕事となる。

　これらを実現するための具体策は第3章以降細かく説明したい。

第**2**章

経営革新計画承認後の
MMMメソッドによる支援ノウハウ

❶ 支援ノウハウとしてのミーコッシュとは

第1章では経営革新の実践プロセスについて記述したが，ここではその支援ノウハウとしてのミーコッシュについて記述する。

(1) ミーコッシュの意味

ミーコッシュ（MiHCoSH）とは，経営体の構成要素を**マインドウェア**（<u>Mi</u>nd Ware：考え方・あり方），**ヒューマンウェア**（<u>H</u>uman Ware：スキル・やり方），**コミュニケーションウェア**（<u>Co</u>mmunication Ware：約束事・EDI），**ソフトウェア**（<u>S</u>oft Ware：知的財産権），**ハードウェア**（<u>H</u>ard Ware：有形資産）の5つに類型化し，統合的にPDCA（計画・実施・検証・修正）サイクルを実施しながらQCT（品質・コスト・時間）を適切に達成するためのイノベーションプロセスである。なお，ミーコッシュの体系を示すと**図表2-1**のようになる。

ミーコッシュは，イノベーション効果を劇的，かつ確実に達成するための独自の手法で，小林勇治の登録商標でもあるが，執筆メンバーの推挙もあって公開することにした。また，適切な研修を受ければ無料で使用していただいているので，気軽に活用してほしい。

(2) ミーコッシュはMMMメソッドとして体系化・ノウハウ化された

5つの構成要素を中心に次の6つの機能から構成される（**図表2-1 MMMメソッドキューブ参照**）。

① 要素整備度診断

これについては，第1章2節で記述したように，ミーコッシュの5つの構成要素と品質・時間・コストからなる。

図表2-1　MMM（ミーコッシュ・マンダラ・マトリックス）メソッド全体構成キューブ

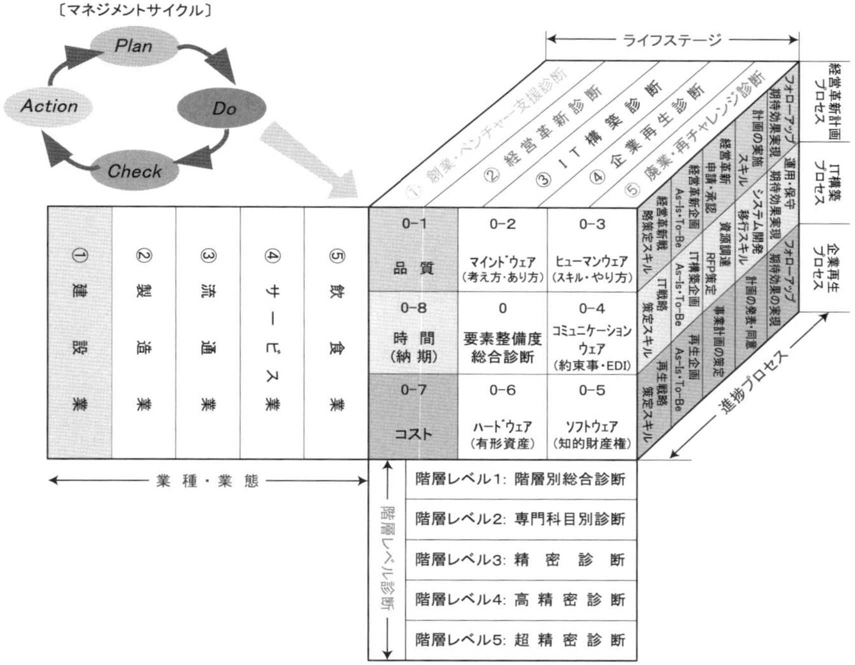

〔マネジメントサイクル〕

Plan / Action / Do / Check

［ライフステージ］

① 創業・ベンチャー支援診断
② 経営革新診断
③ IT構築診断
④ 企業再生診断
⑤ 廃業・再チャレンジ診断

経営革新計画プロセス
IT構築プロセス
企業再生プロセス

	0-1 品質	0-2 マインドウェア（考え方・あり方）	0-3 ヒューマンウェア（スキル・やり方）
	0-8 時間（納期）	0 要素整備度総合診断	0-4 コミュニケーションウェア（約束事・EDI）
	0-7 コスト	0-6 ハードウェア（有形資産）	0-5 ソフトウェア（知的財産権）

① 建設業
② 製造業
③ 流通業
④ サービス業
⑤ 飲食業

業 種・業 態

階層レベル診断

階層レベル1：階層別総合診断
階層レベル2：専門科目別診断
階層レベル3：精　密　診　断
階層レベル4：高　精　密　診　断
階層レベル5：超　精　密　診　断

フォローアップ／計画の実施
運用・保守／期待効果実現
フォローアップ／期待効果実現
計画の策定・同意
進捗プロセス

経営革新計画／資源調達／システム化構想／再生戦略／As-Is⇒To-Be
経営革新企画／申請・承認／IT構築企画／事業戦略／As-Is⇒To-Be

IT戦略策定スキル／RFP策定スキル／再生スキル／移行スキル／策定スキル

② 業種・業態別診断

　a.建設業，b.製造業，c.流通業，d.サービス業，e.飲食業等に区分して評価している。

③ ライフステージ別診断

　a.創業・ベンチャー支援診断，b.経営革新診断，c.IT構築診断，d.企業再生診断，e.廃業・再チャレンジ診断等からなる。

④ 進捗プロセス診断

　ここでは，経営革新計画プロセス，IT構築プロセス，企業再生プロセスを記述している。

第2章　経営革新計画承認後のMMMメソッドによる支援ノウハウ　27

図表2-2（ツール16）　ミーコッシュ式マネジメントサイクル

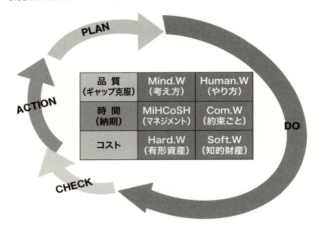

⑤　階層レベル診断

a.階層レベル1：階層別総合診断，b.階層レベル2：専門科目診断，c.階層レベル3：精密診断，d.階層レベル4：高精密診断，e.階層レベル5：超精密診断へと，体系的にドリルダウンできるように設計されている。

⑥　マネジメントサイクル

a.Plan（計画），b.Do（実行），c.Check（検証），d.Action（修正）サイクルを回しながら進める（図表2-2参照）。

(3) PDCAサイクルはどのように使うのか

PDCAサイクルは，計画（P）・実行（D）・検証（C）・修正（A）のサイクルであるが，図表2-2のように，各構成要素の階層レベル・進捗プロセスの場面でPDCAサイクルを回しながら推進する。この方式は広く一般に使われているので，認識している読者も多いと思う。

ただこの図表では，計画（Plan）はマンダラ内に表示されているが，実行（Do）は表示されていない。ここでは，マインドウェア，ヒューマンウェア，

コミュニケーションウェア，ソフトウェア，ハードウェアの5つの構成要素を実行することを意味している。

(4) QCTは成功要因となる

Q（品質）・C（コスト）・T（時間・納期）は経営革新の成功要因となるもので，このプロジェクトが成功したか否かに使われる指標である。

(5) 経営革新品質を阻害する5つのギャップ

経営革新を進める場合には，IT導入を伴うことも少なくない。その場合，経営戦略策定（IT系では情報戦略策定）で決めたことが，経営改革企画（経営革新計画申請・承認），経営改革制約条件の克服，経営改革の実行，経営改革の運用へと進むに従って，5つのギャップが発生することで，当初とは異なった方向に行くことが懸念される（図表2-3参照）。この5つのギャップを

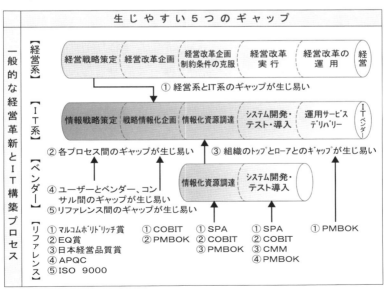

図表2-3（ツール79）　経営革新で生じやすい5つのギャップ

克服できるか否かが、経営革新の成否を分ける結果となる。

① 経営系とIT系のギャップがないか

経営革新は、今やIT抜きには考えられない。その場合、経営改革とIT改革が別々に行われると、経営系とIT系のギャップが生じる。ギャップが生じれば経営革新効果は当然落ちることになる。

それらを防ぐ手法が導入されているかが、デューデリジェンス（以下DDと表す）のチェックポイントになる。これらを防止するためにミーコッシュ式では、ミキサー方式で5つのウェアを混ぜながら回転させることによって解決する仕組みにしている（図表2-4参照）。

図表2-4（ツール15-1）　経営系とIT系のギャップ克服法
〜ミキサー方式で5つのウェアを回転させながら進捗する〜

② 経営革新プロセス間のギャップがないか

経営戦略策定（IT系では情報戦略策定、以下同じ）、経営改革企画（戦略情報化企画）、経営改革制約条件の克服（情報化資源調達）、経営改革実行（情報システム開発・テスト・導入）、経営改革の運用（運用・デリバリー）へと、

図表2-5(ツール18) 経営革新プロセス間のギャップ克服法
～ミーコッシュ・シールド工法により経営・IT統合化を図る～

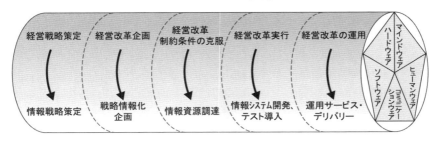

プロセスが進むごとに，当初の経営戦略策定の思い入れが薄れていく可能性がある。その場合，どのようにして，経営戦略策定を現実のものにできるかがポイントとなる。

それを解決するために，トンネル掘削のシールド工法のように，経営系（ビジネスインテグレーション）とIT系（システムインテグレーション）を回しながら，同時に5つの刃（5つのウェア）を回転させながら進めるがごとくやるのがミーコッシュ式である（図表2-5参照）。これは，プロセスはあるがシームレスの状態で各プロセスが同時並行的にオーバーラップしながら進むことになるので，プロセス間のギャップが生じず経営革新の効果が高まる。

③ 組織トップとロワー間のギャップはないか

経営革新における組織トップの狙いが，ミドル，ロワーへとブレイクダウンしていくうちにギャップが生じることはないであろうか。特に経営革新には，IT系が絡まないと実現しない場合も多い。そのような場合において，トップの期待していた経営革新の思惑とは離れ，ブレイクダウンするに従い，現場の人の要求は現状維持型の要求になりやすい（図表2-6参照）。人間は保守的で変化を嫌いがちだが，そのようなことを放置しておけば，経営革新が効果のあるものにはなりえないのは火を見るより明らかである。

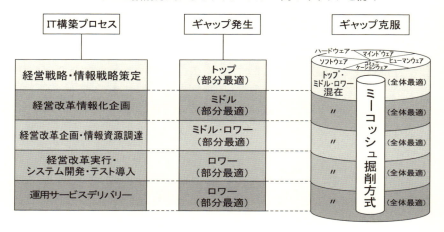

図表2-6（ツール22）　組織トップとロワー間の意識のギャップ克服法
〜ミーコッシュ掘削方式によりトップ・ロワー間のギャップを防ぐ〜

④　ユーザー・ITベンダー間のギャップはないか

ここではITベンダーとユーザー間を中心に記述するが，銀行等のステークホルダー（利害関係者）とのギャップも調整しておく必要がある場合もある。これらの思惑がずれると経営革新効果は薄れてくる。

ミーコッシュ方式では，MMMメソッドによるキューブの共有で課題解決を図る。

a. MMMメソッドキューブ（図表2-1参照）の共有で，ユーザー・ITベンダー間等のギャップをなくする。
b. キューブ共有で，関係者の5つのウェアモニタリング評価の差が出ないようにできる。
c. キューブの共有で，品質（Q），コスト（C），時間（T）の評価の差が出ないようにする。
d. キューブの共有でプロセス間の評価の差が出ないようにできる。
e. キューブの共有で全体の整合性が保持できる。

⑤ リファレンス間のギャップがないか

図表2-3で示したように，リファレンスはマルコムボルトリッチ賞，APQC，COBIT，PMBOK等を掲げた。これらの内容については，それぞれの場面では優れているが，経営系とIT系の両面を包含した要素整備度にはなっていない。これでは全体の整合性が保てなくなり，実行する人も戸惑うだけでなく，ギャップが生じる要因になる。

そこでミーコッシュ方式では，経営系とIT系の整合性を保たせながら統合しつつMMM（ミーコッシュ・マンダラ・マトリックス）を作成してブレイクダウンしていく。これによって，リファレンスは完全にミーコッシュ式に統合されることになる。

図表2-7では，MMMの中心にミーコッシュ理論の全体が示される。その周

図表2-7（ツール37） MMM（ミーコッシュ・マンダラ・マトリックス）全体構成
（中心部が階層レベル1で周辺部が階層レベル2となる）

左上ブロック

1 PLAN（進捗管理）	2 経営系とIT系のギャップ解消	3 各プロセス間のギャップ解消
8 ACTION（修正）	1-1 品質	4 トップとローア間のギャップ解消
7 CHECK（検証）	6 リファレンス間のギャップ解消	5 ユーザーとベンダーのギャップ解消

中央上ブロック

1 PLAN（進捗管理）	2 経営者/経営理念	3 経営戦略（ビジョン）
8 ACTION（修正）	1-2 マインドW（考え方・あり方）	組織能力
7 CHECK（検証）	人材育成	社会的責任

右上ブロック

1 PLAN（進捗管理）	2 内部・外部環境（問題点・課題点）分析スキル	3 ソリューションズスキル
8 ACTION（修正）	ヒューマンW（スキル・やり方）	技術力
7 CHECK（検証）	ライフステージEXIT（出口）戦略スキル	企業ガバナンス

中央左ブロック

1 PLAN（進捗管理）	2 WBS（ワーク・ブレイクダウン・ストラクチャー）	3 クリティカルパス法
8 ACTION（修正）	1-8 時間（納期）	4 ファースト・トラッキング
7 CHECK（検証）	6 アーンド・バリュー・マネジメント	5 資源平準化

中心ブロック（階層レベル1）

1-1 品質	1-2 マインドW（考え方・あり方）	1-3 ヒューマンW（スキル・やり方）
1-8 時間（納期）	共通総合診断（階層レベル1）	1-4 コミュニケーションW（約束事・EDI）
1-7 コスト	ハードウェア（有形資産）	ソフトW（知的財産権）

中央右ブロック

1 PLAN（進捗管理）	2 法律政令・省令の遵守	3 企業内の約束ごと
8 ACTION（修正）	1-4 コミュニケーションW（約束事・EDI）	4 コミュニケーションルール
7 CHECK（検証）	6 ネットワーク、情報共有、情報公開	5 ビジネスプロトコル

左下ブロック

1 PLAN（進捗管理）	2 コスト見積	3 コストの予算化
8 ACTION（修正）	1-7 コスト	4 コスト・コントロール
7 CHECK（検証）	6 変更のコントロール	5 実測測定

中央下ブロック

1 PLAN（進捗管理）	2 土地	3 建物
8 ACTION（修正）	1-6 ハードウェア（有形資産）	4 設備・車輌
7 CHECK（検証）	6 情報機器	5 セキュリティ機器

右下ブロック

1 PLAN（進捗管理）	2 ソフトプログラム以外の知的財産権	3 業務系ソフトウェア
8 ACTION（修正）	1-5 ソフトW（知的財産権）	4 コミュニケーションソフトウェア
7 CHECK（検証）	6 オペレーティングシステム（O/S）	5 セキュリティソフトウェア

第2章　経営革新計画承認後のMMMメソッドによる支援ノウハウ

辺にマンダラナンバー 1-1.品質，1-7.コスト，1-8.時間はサブドライバーとしての成功要因，1-2.マインドウェア，1-3.ヒューマンウェア，1-4.コミュニケーションウェア，1-5.ソフトウェア，1-6.ハードウェアはメーンドライバーとしての要素整備度を表す。また，それぞれの要素にはPDCAサイクルを入れた全体体系になっている。以下，それぞれをブレイクダウンして詳細に進めることになる。

⑥ 要素整備度評価の手順と評価基準

要素整備度評価は，経営者等に自企業の整備度を第三者も交えて客観的に評価し，その企業の整備度レベルを認知し，総合診断として1次期待効果を算出し，動機づけ，プロジェクトチームのやる気を引き出すためのツールとして使われる。その場合の評価する基準を評価基準としている。手順は次のようになる。

a. 初期問診と簡易なDD（デューデリジェンス）

クライアントとの問診で，良好なコミュニケーションをとりながら手順を踏んで要素整備度評価へ誘導する。

b. 要素整備度表による評価

要素整備度評価表の評価項目のとおり，要素整備度評価基準表に従って評価する。その記入例については第3章2節で詳しく述べる。

c. 要素整備度評価基準については，第1章2節で説明したので省略する。

② マインドウェア（考え方・あり方）支援の具体策

図表1-4のように，要素整備度総合診断で評価するが，この要素整備度を高めることは容易なことではない。そこで診断士がどのようにして，現場の抵抗を説得し実現することができるかがポイントとなる。

図表2-8　マインドウェア（考え方・あり方）要素

2 マインドW（考え方・あり方）	経営者/経営理念	①経営理念の成文化、②経営者の自己変革、③社員との信頼関係の構築、④企業倫理、⑤リーダーシップ等は適正か。（ツール137・141・142・143・144・参照）
	経営戦略（ビジョン）	KGI（最終到達目標）・SWOT分析・成功要因・ドメイン・コアコンピタンス・マネジメント要件・期待効果等は適正か。（ツール98・1・132・35・36・38・39・163・82・134・40参照）
	組 織 能 力	組織デザイン、組織構造、組織マネジメント、企業文化、価値観の共有、等は適正か。（ツール23・24・121・122・204・274・84参照）
	社 会 的 責 任	経営の透明性、環境対応、社会的要請への対応、雇用・安心・安全整備は適正か。
	人 材 育 成	社員の自主性、共に学び共に育ちあう社風、対等な労使関係、社員・組織体の業績評価、HMR（人的資源管理）整備は適正か。（ツール85・86・148・162・169・200・263参照）

（1）経営者の変革と考え抜いた経営理念の定着

① 経営理念の成文化

経営理念は，その企業の考え方・あり方を示すもので，最も大切なもののひとつである。

たとえば**伊勢丹の企業理念**（2010年の伊勢丹のあるべき姿）の例を挙げると，

根本精神＝＜道義を守り，奉仕の心を持つ，企業経営＞

企業スローガン＝＜毎日が，新しい。ファッションの伊勢丹＞

　　　　　　　　　Isetan gives new meaning to fashion

企業ビジョン＝＜伊勢丹は，人々とともに感じ，ともに考え，ともに歓び，明日の暮らしを創造する。＞

企業の姿勢＝＜私たちは「お客様第一」から出発し＞

- 「質の高い満足感」をさしあげる，最良の品ぞろえとサービスをいたします。
- 「健全な企業体質」を保っていくために，一人一人が努力します。
- 「あたらしさへ挑戦」し，現状に満足せず，勇気をもって仕事にあたります。
- 「良識ある社会人」として，高い倫理観と美しい心をもって行動します。
- 「かけがえのない環境」を守り，それを次の世代へつたえていくように努めます。

全員にわかりやすく，理解がされやすいといえよう。

② 経営者の自己変革はどのようにやるか

経営者自身が環境変化と自社の成長とともに自己変革していく必要がある。その場合に次のことが参考になるであろう。

a. チェンジ・リーダーとしての3つの信念
- 変革の源泉となる志を高く持って，変革への課題を設定できるか。

   〜今の会社ではダメだ！　自分が変革する強い志を持っているか。
- 既存の枠組みが持つ暗黙のタブーを明らかにし，挑戦できるか。

   〜今の会社はここがダメだ。それに挑戦する勇気があるか。
- 変革への信念を持って，周囲の人を巻き込んでかつ共有できるか。

   〜厳しいが共感できると思っているか。

b. チェンジ・リーダー 5つの条件
- 原体験を持っているか。

   〜信念を持てるだけの強い衝撃的な原体験を持つ。
- コンセプト化ができるか。

   〜原体験を理論化・コンセプト化する（暗黙知 → 形式知にする）
- 場慣れしているか。

   〜原体験による理論化した自分なりの信念や方法論に基づいてプレゼンテーションを繰り返し体験する。
- 反省しているか。

   〜1つのプロジェクト終了後には，良かった点，まずかった点を振り返ることで，変革スキルの向上や新たな発見に結びつける。
- 人的ネットワークを持っているか。

   〜社内での同志，社外での仲間等で刺激し合う場を持っているか。

（徳田晃一郎氏の記述を参考に一部修正）

③ 社員との信頼関係

近年，人を大切にする経営学会では，企業の目的は，①社員と家族を幸せにすること，②仕入先の社員と家族を幸せにすること，③販売先の社員と家族を

幸せにすること，④地域社会の幸せを考えること，⑤自社の利益を考えることとしている（法政大学・坂本光司教授）。自社の利益を第一に考えるのではなく，社員や家族の幸せを考えて経営している企業は，おのずと信頼関係が高まることであろう。

④ 企業倫理

企業倫理の意味は，企業行動とそれを実現する企業内における人間の行動に関して，意思決定の根幹となるものをいうが，コンプライアンス（法令遵守）という場合もある。ここでいう企業倫理は，法令遵守のみをすればよいということではなく，法令以外の道徳や慣習等も含めて，企業のあり方を考えたいものである。

⑤ リーダーシップ

リーダーの資質としては，いろいろな説があるが，孫子においては，「智」「信」「仁」「勇」「厳」の5つを挙げている。**「智」とは頭の働きをいい，「信」とは人から信頼されることであり，「仁」とは人間味のあることであり，「勇」とは勇気のあることであり，「厳」とは厳しさを持っていることである。このことは今日のリーダーにとっても，昇格の基準として参考になるものである。**

（2）経営戦略（ビジョン）はプロジェクトの要

すでに第1章3節で細かく説明したので割愛するが，図表1-6および3節で説明したことを思い出してほしい。KGI（最終到達目標）・SWOT分析・成功要因・ドメイン・コアコンピタンス・マネジメント要件・期待効果等は適正かを確認する必要がある。

（3）組織能力を確認しよう

組織デザイン，組織構造，組織マネジメント，企業文化，価値観の共有等を指しているが，組織デザイン・組織構造について述べると次のようになる。

① 組織デザイン

図表2-9（ツール122）　組織デザイン

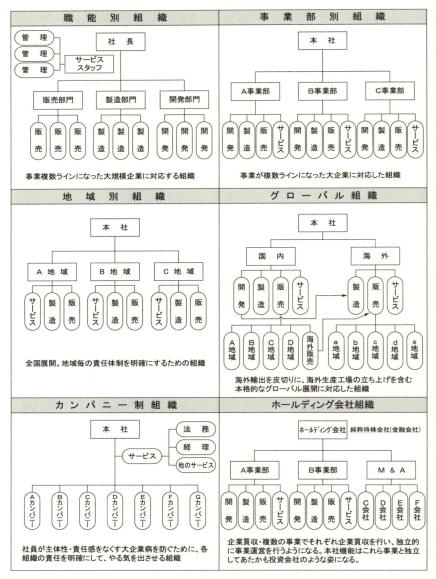

② 組織構造

図表2-10（ツール121）　組織構造

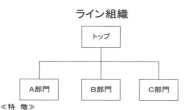

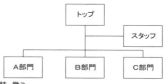

≪特　徴≫
① トップの指揮命令によって動く組織のこと。
② トップに権限が集中
③ トップが直接指示、命令を下す。

≪特　徴≫
① ライン組織にトップの情報処理機能を助けるためのスタッフ部門を設けた組織
② スタッフは経営企画・人事・法務・広報・情報等からなる

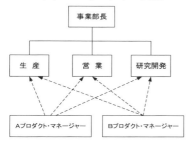

≪特　徴≫
①組織の壁を越えた調整軸を入れている
②組織の中の情報が流れるようにする
③組織メンバー間のコミュニケーションの活発化
④組織の知創造を高めることが課題

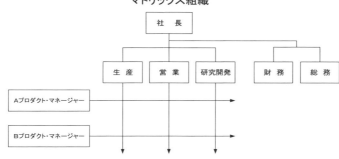

≪特徴≫
①事業部制の縦割組織の欠点を補う
②事業部軸は強くなるが、スタッフ軸は弱くなる
欠点
①命令系統が2つになる為、パワー関係やコミュニケーションラインが複雑になる。

出所：坂下昭宣『経営学への招待』白桃書房

（4）社会的責任

　経営の透明性，環境対応，社会的要請への対応，雇用・安心・安全整備は適正かが問われる。一般的に社会的責任というとCSRを指すことが多いが，CSRは企業が利益を追求するだけでなく，組織活動が社会へ与える影響に責任を持ち，あらゆるステークホルダー（利害関係者）からの要求に対して適切な意思決定をする責任を指す。CSRは，企業経営の根幹において企業の自発的活動として，企業自らの永続性を実現し，また，持続可能な社会とともに築いていく活動である。企業の行動は利益追求だけでなく多岐にわたるため，企業市民という考え方もCSRの一環として主張されている。

（5）人材育成

　社員の自主性，共に学び共に育ち合う社風，対等な労使関係，社員・組織体の業績評価，HMR（人的資源管理）整備は適正か。（ツール85・86・148・162・169・200・263参照）

図表2-11（ツール263）　人材活性化カリキュラム

スキル	マインド・スキル（コンセプチュアル・スキル）			コミュニケーション・スキル		ヒューマン・スキル
中分類	基本的能力	問題解決能力	業務管理能力	コミュニケーション力	対人影響力	業務遂行力
小分類	トラ退治	判断力	計画力	表現力	リーダーシップ	業務処理能力
	5・S	発想力	業務統制力	傾聴力	統卒力	業務知識
	報・連・相	情報理解力	企画力	関係構築力	説得力	技術習熟度
	行動基準	改善力	戦略設計力	行動柔軟性	交渉力	分析力
	智・信・仁・勇・厳	目的管理力	組織デザイン	対人配慮力	ファシリテーション力	
	高い願望と情熱		権限委譲	プレゼン力	コーチング力	
教育時間 管理者	12	30	35	10	20	5
監督者	12	35	10	20	30	5
中堅社員	12	30	10	20	30	20
新入社員	12	———	———	30		70
パート社員	12	———	———	30		70

出所：米ハーバード大学　ロバート・カッツ氏の「マネージャーに求められる能力」を参考に作成。

人材育成は，目先の利益追求だけでなく，長期的視野に立って現実に企業に貢献できる人材を育成していくことが求められる。単に教育，訓練といった狭義の活動ではなく，主体性，自立性を持った人間としての一般的能力の向上を図ることに重点を置き，企業の業績向上目的と従業員の欲求を加味した個人的能力の発揮との統合を目指すことが求められよう。

　人材育成の意識は，日本企業の特徴の一つであり，1980年代以降外国企業から大いに着目された。しかし近年それが薄らいで，中途採用中心で，即戦力になる人材ばかりをとる傾向が出ていることは危惧すべき現象であろう。

③ ヒューマンウェア（スキル・やり方）支援の具体策

　経営革新計画承認後，最も現場とのせめぎあいが発生するのがヒューマンウェアである。第1章でその概略は説明したが，具体的に掘り下げて説明する。

図表2-12　ヒューマンウェア（スキル・やり方）要素

3 ヒューマンW スキル・やり方	内部・外部環境(問題点・課題点)分析スキル	STEEP分析・業界関係分析・ファイブフォース分析・SWOT分析スキルは十分か。(ツール28・28-1・29・30・31・32・35参照)
	ソリューションスキル	ビジネスモデル、BIIモデル(As-Is・To-Beモデル)、企画書・計画書・調達・開発・運用・保守等のスキルは充分か。(ツール34・314・315・315-4・248・249・87参照)
	技　術　力	研究開発技術・生産技術・流通技術・人材育成技術・情報技術は充分か。(ツール94・95・96・272・226・339参照)
	企業ガバナンス	統制環境業務・リスク評価と対応業務・統制活動業務・情報と伝達業務・ITへの対応業務プロセス構築は出来ているか(ツール250・251・252・253参照)
	ライフステージ EXIT(出口)戦略スキル	創業・経営革新・IT構築・M&A・企業再生・廃業・再チャレンジ・ノウハウは持っているか。(ツール77・237・1〜4・7〜13・25・42・43・44・104・105・106・107・108参照)

(1) 内部・外部環境（問題点・課題）分析スキル

① STEEP分析

　IT・経営革新等においては，外部環境の影響を受ける。その場合の視点とし

第2章　経営革新計画承認後のMMMメソッドによる支援ノウハウ　**41**

てSTEEP分析によって分析する方法がある（図表2-13参照）。

図表2-13（ツール28-1）　STEEP（外部環境）分析

環 境 要 因	内 　　　　容
社会的環境要因 （Social）	人口構成の変化、ライフスタイルの変化や流行、環境指向などの社会ムーブメントなど、その業種・業界に関連が深い社会的なトレンド傾向や状況を検討
技術的環境要因 （Technology）	ITの進展や新たな基盤技術の開発、生産管理技術や販売管理面での技術的な進展など、業種・業界全体に影響を与えると思われる技術面での革新状況を検討（新製品や代替品のようなミクロの変化ではない）
経済的環境要因 （Economic）	マクロ経済の変化。GDP年間成長率の経年変化や公定歩合推移、地価動向など全業種に影響を与えるものと、消費者物価指数、民間設備投資動向、人口動態変化など業界ごとに特に重要な要因の双方に注意
生態的環境要因 （Ecological）	外部環境を見る場合、人間社会のみを見るのではなく、人間外の生物と環境の間の相互作用から環境を考察する必要が出て来た
政治的環境要因 （Politics）	税制や会社法などの企業経営全般に対する法制度変化、特定事業規正法など特定業界・業種に限定される法令の変化、国内外からの圧力による規制緩和やセーフガード発令など

出所：株式会社KPMG FAS編『戦略的デューデリジェンスの実務』中央経済社、p.108を加筆修正

② 業界関係分析

　M&A等をやる場合には，これを使うとわかりやすい。①の座標軸の場合，再編の成功率は高い。②の場合は，人的交流を先にやる。③の場合は，段階的に進める。④の場合は，再編による成功率は低いのでやめたほうがよい（図表2-14参照）。

図表2-14（ツール29）　業界関係分析

		対 　象 　事 　業	
		親 　　密 　　的	敵 　　対 　　的
対象会社	親密的	①再編の成功率高い	②人的交流を先にやる
	敵対的	③段階的に進める	④再編による成功率低い

③ ファイブフォース分析

業界の関係分析をするときは，a.「供給企業の交渉力」と当該企業との力関係，b.「買い手の交渉力」と当該企業との力関係，c.「競争企業間の敵対関係」（3つの内的要因），d.「新規参入業者の脅威」，e.「代替品の脅威」（2つの外的要因）は，代替製品としての脅威と代替サービスとしての脅威を見る必要がある。

図表2-15（ツール30）　ファイブフォース分析

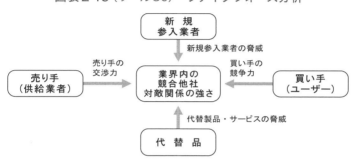

出所：M・ポーター著『競争の戦略』ダイヤモンド社

④ SWOT分析

強味（S）・弱み（W）・機会（O）・脅威（T）を書き出し，点線内のクロスしたところに成功要因を抽出する。

図表2-16（ツール35）　クロスSWOT分析

外部環境　内部環境	機　会（O）	脅　威（T）
強み（S）	事業機会を自社の強みにするには	脅威を自社の機会に変える
弱み（W）	機会を自社の弱みで取りこぼさない方策	脅威と弱みの補正をするには

点線内が成功要因

第2章　経営革新計画承認後のMMMメソッドによる支援ノウハウ　43

⑤ 4C分析

この分析は，戦略的ポジショニング・CSF（成功要因）の創出法として応用される。

図表 2-17（ツール 81-1）　4C分析

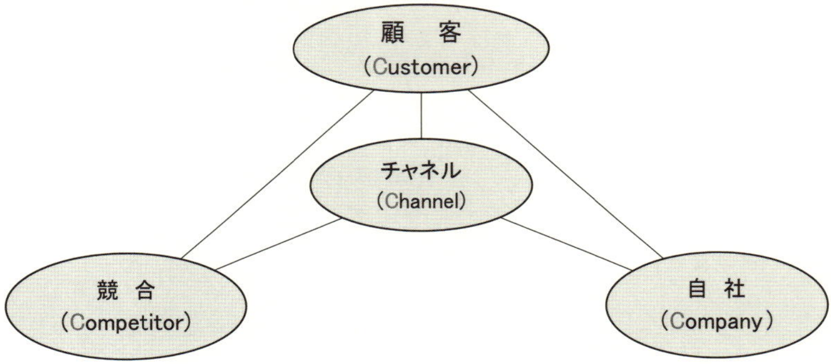

(2) ソリューションスキル

① ビジネスモデルのAs-Is（現状）・To-Be（革新後）で革新の全体像を作成する

a. 現状の一般的な呉服店のビジネスモデル例

第1章4節図表1-8で説明したように，全体像を見てどこに問題があるかを検討する。

b. レンタルビジネスを取り入れた革新ビジネスモデル例

現状ビジネスモデルでは，解決できなかったレンタルの革新ビジネスモデルを策定するのである（図表1-9参照）。

② BII（ビジネス・情報・統合）モデルのAs-Is（現状）・To-Be（革新後）で各業務の見える化をする

a. BII（ビジネス・インフォメーション・インテグレーテッド＝ビジネス情報・統合）モデルのAs-Is（現状）の進め方

図表1-10のように，ビジネス系と情報系を統合して表示することによって，問題点の見える化が図られる。ここでは4つの問題点を抽出した。

b. BIIモデルのTo-Be（革新）はこのように進める

As-Isモデルで抽出した4つの問題点について，To-Beモデルで解決策を提示する（図表1-11参照）。

③ 企画書・計画書は現場の合意を得られたものにする

企画書は，経営革新の企画書であり，経営革新申請書はこの一部に含まれる。今まで述べてきた総合診断，戦略ビジョン，ビジネスモデル，業務モデルとしてのBIIモデル，情報システム導入が伴う場合はRFP（ベンダーに対する提案依頼書）等がすべて企画書になる。その内容を示すと図表2-18のようになる。

④ 調達・開発

a. 調達の注意点

経営革新には，IT導入が伴う場合も多く，調達に関してはRFPに基づいて調達し，開発には追加料金がかかる場合も多く，契約はFFP（完全定額契約）にしてほしいものである（図表2-19参照）。

b. 開発の注意点

開発方法も各種あるので，選択する必要がある。自社開発の場合は，アジャイル開発がいい場合もあるが，外部委託の場合は，ウォーターフォール型が適しているといえよう（図表2-20参照）。

⑤ 運用・保守

運用・保守の局面では，各種やるべきことはあるが，少なくとも障害報告書（図表2-21参照）は上げておく必要がある。システムや機械類が故障しても報告書を上げていないために，ベンダーに適切な連絡が取れない場合も少なくない。

図表2-18（ツール45）　RFP（提案依頼書）要求内容（Ver.5）

大　分　類	中　分　類	コ　メ　ン　ト		
1. 企　業　概　要	① 企業概要	会社案内		
	② 現状組織図	革新組織図の提供		
	③ 現状BII（ビジネス情報統合）モデル	As-Is（現状）モデル（問題点）		
	④ 現状システム			
2. システム化方針	① 新システム開発の背景	なぜシステム開発を行うか		
	② 新システム開発方針	改善テーマ概要を示す		
	③ システム開発期間	開発スケジュール表を提出する		
	④ システム開発形態	システム開発か		
	⑤ 運用保守形態	ベンダーへのアウトソーシング		
	⑥ 社内運用形態	商品メンテナンスについては社内で行う		
	⑦ 教育・研修	操作指導		
3. システム化範囲	① 7ケ月以内	第一ステップの完成		
	② 12　〃	第二ステップの完成		
	③ 24　〃			
	④ 運用要件			
	⑤ 人的要件			
4. 提供資料／要求機能仕様	① 新ビジネスモデル	ビジネスプロセスモデルを含む		
	② 新BII（ビジネス情報統合）モデル	To-Be モデル（解決案）を提供（別紙）		
	③ 新 E R D			
	④ コントロール目標			
	⑤ ネットワーク概念図	別紙		
	⑥ ソフトウェア	出力帳票		
	⑦ ハードウェア	別紙		
	⑧ モニタリング項目	全てについて		
	⑨ セキュリティ要件	①ファイアウォールによるセキュリティ ②なりすまし防止 ③ネットからの盗聴防止策		

5. 性能仕様／データボリューム	項目　　　データボリューム	現　　状	要求性能／件数
	① トランザクション件数		
	② データ保有量／期間	60 ケ月	60 ケ月
	③ システム稼動時間	7 時～26 時	7 時～26 時
	④ レスポンスタイム	トランザクション処理 5 秒以内	トランザクション処理 5 秒以内
	⑤ 更新時間	2 時間	1 時間
	⑥ システム障害復旧時間	24 時間以内	基幹 1 時間・WEB　24 時間

大分類	中分類	コメント		
6. 納入物／見積書	① ハードウェア	保守費用も提出する		
	② ソフトウェア	ライセンス料も提出する		
	③ ネットワーク関連	別紙参照		
	④ セットアップ費用	〃		
	⑤ コンバージョン費用	〃		
	⑥ 教育費用	〃		
	⑦ 各操作マニュアル	〃		
7. 契　約　事　項	RFP に関する NDA 契約を最初にする	念書		
	① 契約形態	CPPF 方式、インセンティブ付与契約、FFP 方式		
	② 納期	17 年 4 月 30 日　納期遅れの場合のペナルティ（一日あたり 2 万円）		
	③ 検収要件	モニタリングスケジュール		
	④ 支払	検収後翌々月末払		
	⑤ 瑕疵担保責任	あり		
	⑥ 機密保持	第三者に漏らしてはならない		
	⑦ 成果物の権利関係	著作権、所有権、権利移転、人格権		
	⑧ 品質保証	無償補償期間 18 ケ月		
8. 提案・採用の事務手続・その他	① プロポーザルの提出と説明	RFP に合せてもらう		
	② 質疑・提案の手続・窓口			
	③ 提案から採用の日程	06 年 10 月 30（予定）		
	④ 提案書評価方法	Q（品質）C（価格）T（納期）評価		
	⑤ 役割分担	ベンダー／ユーザー／ITC の役割分担		
1. 提　案　書	① RFP に要求した内容のもの	見積書も含む		
	② 要求以外の提案の場合の GAP 分析			
	③ 開発体制／計画			
	④ 運用体制／計画			
	⑤ ユーザー事例			

NDA契約：ノンディスクロージャーアグリメント：外部に洩らさない契約　　CPPF方式：固定料金＋受注コスト　　FFP方式：完全定額契約

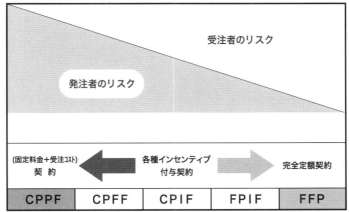

図表2-19（ツール217） 契約形態とリスクの関係

〈補足説明〉
① CPPF：コスト＋コスト・パーセンテージ（Cost-Plus-Percentage-Fee）契約
コストは予め定められた固定料金と，追加に掛かった費用も一定のルールに基づいてベンダーへ支払う形態である。これはベンダー有利の契約となる。

② CPFF：コスト＋固定料金（Cost-Plus-Fixed-Fee）契約
許容コストと固定額の料金が支払われるが，成績に関係なく固定料金が支払われるのでベンダーに有利になる。

③ CPIF：コスト＋報償付料金（Cost-Plus-Incentive-Fee）契約
見積コストと，実際に掛かったコストの差額がインセンティブになる。このインセンティブは一定のルールでプラスの場合もマイナスの場合もあるので，注意が必要である。

④ FPIF：定額＋報償付料金（Fixed-Price-Incentive-Fee）契約
上限金額を予め決めておき，上限価格内で実際に支払われたコストを納入者に支払う契約。ユーザーとベンダーの信頼関係がある場合には有効である。

⑤ FFP：完全定額（Firm-Fixed Price）契約
定額契約または一括請負契約ともいうが，契約金額が固定されており，ユーザーはそれ以外の料金の支払いは必要ない。これはユーザーのリスクが最も少ない契約形態であるが，世間ではあまり活用されていない。

図表2-20（ツール272） ウォーターフォール型開発とアジャイル型開発の比較

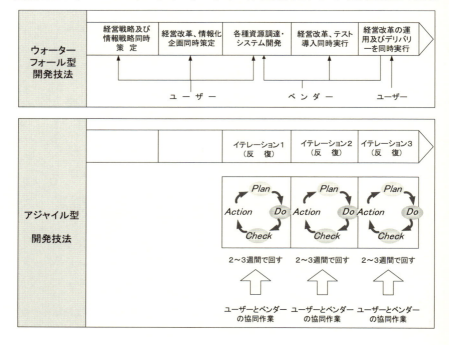

図表2-21（ツール52） 障害報告作成ツール

コミュニケーションウェア（約束事・EDI）支援の具体策

　経営革新・IT導入で失敗に終わる場合の大きな原因の一つが約束事やEDI（電子的データ交換方式）の取り決めを明確にしないで，IT構築や経営革新計画を立てることである。これらの項目を挙げれば図表2-22のようになる。

(1) 法律・政令・省令等は遵守されているか

　商法・新会社法・労働法・税法・中小企業基本法等を理解し，法律は守られ，業務が適正に運用されているかということである。

　ここでは，当然に遵守されているものと思われるので大きくは取り上げない。しかし労働法等での法律違反が取りざたされ，ブラック企業のレッテルが張られては，雇用政策にも大きく影響するので，守ってほしいものである。

(2) 企業内の約束事は革新され守られているか

　経営革新を行うと，企業内の約束事が大きく変わることが予想される。外部企業との取り決めの関係で，自社内の発注時刻や，物流のための準備方法等が変わることがままある。

(3) コミュニケーションルールは遵守されているか

　近年，人間としてのコミュニケーション能力が劣っている人が多いのではないかとの指摘があるが，コミュニケーションをとるときの基本的ルールをわきまえておく必要がある。

① メラビアンの法則に従え

　この研究は好意・反感などの態度や感情のコミュニケーションについて扱う実験である。感情や態度について矛盾したメッセージが発せられたときの人の受けとめ方について，人の行動が他人にどのように影響を及ぼすかというと，

図表2-22　コミュニケーションウェア（約束事・EDI）要素

4 コミュニケーションW約束事・EDI	法律政令・省令の遵守	商法・新会社法・労働法・中小企業基本法・税法等を理解し、遵守までの時間は算出され、それは適正か。
	企業内の約束ごと	従業員マナー(ANAの例)、従業員行動規範、分掌規定、就業規則・附則、その他等は理解され順守され、それは適正か(ツール277参照)
	コミュニケーションルール	メラビアンの法則・コミュニケーションの基本原則・人的ビジネスプロトコル・ネットワーク・情報共有等は。(ツール120・193・194・196・197・198・199・202・277参照)
	ビジネスプロトコル	商慣行、取引基本規約・取引運用規約・取引表現規約・取引通信規約整備等は適正か。(ツール58・59・61・62・63・64・245・246・258・259・277参照)
	ネットワーク、情報共有、情報公開	ネットワーク形態・通信サービス・情報公開・社内の情報共有・ビジネスパートナーとの共有等の整備は適正か。(ツール277・304・305・331・325・326・参照)

図表2-23　メラビアンの法則

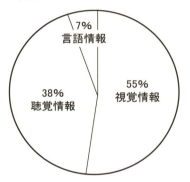

話の内容などの言語情報が7％，口調や話の早さなどの聴覚情報が38％，見た目などの視覚情報が55％の割合であった。この割合から「7-38-55のルール」ともいわれる。

「言語情報＝Verbal」「聴覚情報＝Vocal」「視覚情報＝Visual」の頭文字を取って「3Vの法則」ともいわれている。

② セリングルールを理解しているか

支援ノウハウを商品化し，売り込むためにはそれなりの技術が求められる。関心を引く技術，質問する技術，反対にこたえる技術，同意を得る技術，契約

をする技術等，自分を売り込むための技術を身につける必要があろう。

③ コミュニケーションの基本原則を守れ

相手の立場に立って考える，コンサルの動機づけ，経営者の心の動き，経営者のタイプ，予想される問題と対処等が適切に行えることが求められる。

④ コーチングルールは相手をやる気にする基本

モチベーション，観察，適切な課題，コミュニケーション，考える力が適切に発揮されているかがポイントとなる。

⑤ ファシリテーションルール

巻き込み，ぶつかり，意味づけ，軸だし，結び（確認）等のルールを体得して会議等のリードを進めているか。

この企業内の約束事は当たり前のことであるが，守らないと全体に齟齬が発生し，サプライチェーンに迷惑をかけたり，後工程に迷惑をかけたりするものである。

(4) ビジネスプロトコルは確立されているか

① 商慣行の革新はなされているか

実務の世界では，法律で定められていなくとも，商慣行で取り決められている場合がある。物流段階での3分の1ルール（卸・小売・消費者の各段階で，それぞれ賞味期間の3分の1を必要とするルール。**図表2-24参照**）やセンターフィー（卸から小売に納品する際の共同物流に関する費用負担）や欠品ペナルティ（欠品した場合の利益補填）等があげられる。

今日においては当局からの指導もあり，改善されてきてはいるが，まだ一部継続されている企業もある。

図表2-24（ツール411） コミュニケーションウェア（商慣行/3分の1ルール）

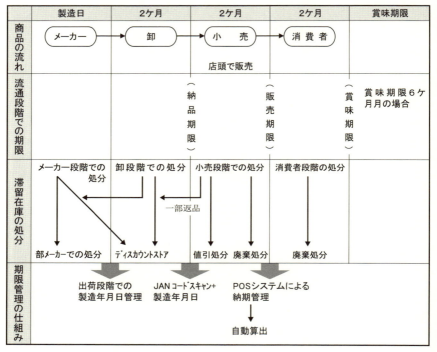

② 取引基本規約は革新されたか

これは，たとえばサプライチェーンとして製配販が連携してサプライチェーンを構築しようとした場合等で，自動補充システムを導入する場合の発注点の取り決めや納入時刻の取り決め等が定められることになる。

③ 取引運用規約の革新はどうか

運用規約は，企業間におけるシステム運用の取り決めであり，システムの内容については，①適用範囲，②実施手順，③運用体制があり，その他安全対策，障害対策，システム運用上の費用負担等も検討されなければならない。詳しくは図表2-25を参照していただきたい。

図表2-25（ツール416）　EDI運用規約の項目

大　　　　項　　　　目	詳　　細　　規　　定　　項　　目
1.　本システムの内容	（1）適用範囲 　　a.システム概念図 （2）実施手順 　　a.伝送するデータの種類 　　b.伝送するデータの内容 　　c.伝送の方法 　　d.運用日と運用時間帯 　　e.書き込み終了時刻と読み出し開始時刻 　　f.受発信時刻と回数 　　g.読み出し不能データの取扱い 　　h.データの保存 （3）運用体制 　　a.総括窓口 　　b.連絡先変更／組織変更時の連絡
2.　安　全　対　策	（1）対策の内容 　　a.発信者の同一性の確認手順 　　b.発信者の作成権限の確認手順 　　c.データ入力誤りの確認手順 　　d.伝送途上におけるデータ変質の確認手順 　　e.その他の事項
3.　障　害　対　策	（1）連絡先と連絡方法 　　a.連　絡　先 　　b.連絡応報 （2）予想される障害とその対処方法 （3）代替的データ伝達方法 （4）報告義務 （5）既処理データの取扱い
4.　システム運用上の費用負担	（1）基本的な考え方 （2）費用項目 　　a.イニシャル・コスト 　　b.ランニング・コスト 　　c.一時的なコスト （3）費用負担の変更
別紙　EDI運用規約変更履歴	番号／発生年月日／変更経緯、変更内容など担当／確認欄があり

出所：（一財）流通システム開発センター「流通標準EDI概説書」

図表2-26（ツール258）　チェーンストア統一伝票Bタイプターンアラウンド2型

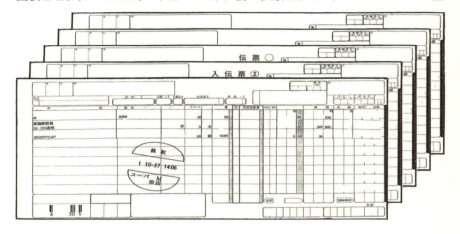

④ 取引表現規約は革新には必須条件だ

取引表現規約においては，次のことが取り決めされる必要がある。

a. データ媒体の取り決め：HD，CD，MO，USB，クラウド上のデータウェアハウス等の取り決めをする必要がある。

b. データ表現：商品コード，商品分類コード，顧客コード，取引区分コード等，各種コード等がある。

c. 共通シンボル：1次元バーコード，2次元コード，カード，ICタグ，各種伝票，棚札，タグ等のシンボル方式を取り決めしなければならない。

d. コードの統一：商品コード，物流コード，代理収納コード，クーポンコード，共通取引先コード等の取り決めが必要である。

e. 各種データフォーマットの統一：商品データフォーマット，発注データフォーマット，請求フォーマット，照合フォーマット，棚割フォーマットを定める必要がある。

f. 各種伝票の統一：標準統一伝票にはAタイプ，Bタイプ，Cタイプ，Eタイプ，業界別統一伝票等があるのでこれを活用したほうがよいが，残念ながら製造業の業界ではこれらの統一伝票がないことが残念に思われる。

図表 2-27（ツール 417）　通信規約の例

流通BMS

メッセージフォーマットの統一：

EDIメッセージ	業務取引プロセス（メッセージ種）
	データ項目
	コード
	データ表現形式：XML
通信インフラ	通信手順：ebXML MS、EDIINT AS2、SOAP-RPC（JX手順）
	通信基盤：インターネットTCP/IP

通信手順（通信プロトコル）

	JCA手順	ebXML MS	EDIINT AS2	JX手順
通信環境	電話回線	インターネット	インターネット	インターネット
通信速度	2,400/9,600bps	10〜100Mbps	10〜100Mbps	10〜100Mbps
通信可能なデータ	英数カナ	制限なし	制限なし	制限なし
システム形態	プッシュ／プル型（クライアント／サーバー型）	プッシュ型（サーバー／サーバート型）	プッシュ型（サーバー／サーバート型）	プッシュ／プル型（クライアント／サーバー型）
データ量	少量向け	大量向け	大量向け	少量向け
リアルタイム性	×	○	○	×
データ長	256KB	制限なし	制限なし	制限なし
添付データ	×	○	○	○

⑤ 取引通信規約は革新されたか

流通BMS等の通信規約を列挙すれば**図表2-27**のようになる。

（5）ネットワーク・情報公開

通信サービスの高速化は日々進化しており，携帯電話の高速通信規格は**図表2-28**のようになる。

また，情報公開には次のようなことがあげられる。

図表2-28（ツール226）　携帯電話の高速通信規格（Ver.3）

通信規格	主な通信速度 （最大毎秒）	映画、DVD2時間分 のダウンロードにかかる時間	比較	適用企業
3G（第3世代）	384キロビット	約21時間	100	NTTドコモがサービス開始。ドコモでは「Super 3G」と呼んでいる
3G（3.5世代）	14メガビット	約34分	3	2003年KDDIがサービス開始。 2007年NTTドコモがサービス開始。
LTE（3.9世代）	100メガビット	約5分	0.4	2010年12月にドコモがサービス開始
LTEアドバンスト 4G（第4世代）	1ギガビット	約30秒	0.04	2015年3月にドコモがサービス開始
5G（5世代）	10ギガビット	約3秒	0.004	低遅延・多数接続・IOT対応可能。 2018年プレ5G 2020年に商用展開予定

出所：総務省・情報通信審議会の資料をもとに作成

① 企業情報の公開

企業の概要，人材募集，業績情報等が記載される。

② 調達情報の公開

近年，世界中からネットによる調達を行う企業が増えているが，特にウォルマートのWebによる入札式の仕入は有名である。

③ 商品情報の公開

新商品の写真情報や廃番情報等の公開により，商品のライフサイクル情報をお知らせすることが重要になってきている。

④ インタラクティブ情報交換

インタラクティブな情報交換を行うための公開情報により，多くの企業との連携やビジネスの動機として活用される。

図表2-29（ツール412） SNS（Social Networking Service）の形態例

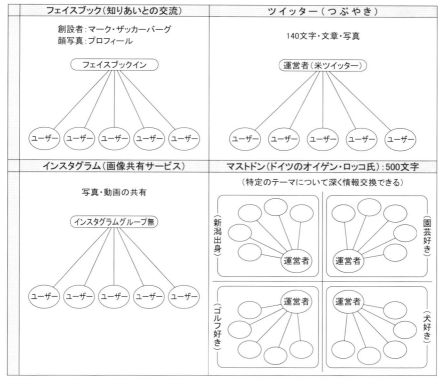

SNSとは、人と人とのつながりを促進・支援する、コミュニティ型のWebサイトおよびネットサービス

⑤ ネットコミュニティ

TwitterやFacebook，LINE，Instagram，Mastodon（マストドン）等のSNSの有効活用は，今日なくてはならない公開情報となっている。

5 ソフトウェア（知的財産権）支援の具体策

　経営革新・IT導入で大切なことの一つに，ソフトウェアがある。ここでいうソフトウェアとは知的財産権のことで，ソフトウェアプログラム以外の知的財産権をも含む。

図表2-30　ソフトウェア（知的財産権）要素

5 ソフトW（知的財産権）	ソフトプログラム以外の知的財産権	特許権・実用新案・意匠権・商標権・著作権の管理・整備は適正か。（ツール336参照）
	業務系ソフトウェア	資源調達・製造・物流・販売・サービス等の業務ソフトは適正か。（ツール219・298・299・336・347・349・360・364・372・373・374・376・377・380・381・382参照）
	コミュニケーションソフトウェア	電子コミュニケーション・電子会議ツール・共同管理（コーディネーション）・電子掲示板・ライブラリー機能等のソフトは適正選択しているか（ツール305参照）
	セキュリティソフトウェア	業務系ソフトウェア，情報系ソフトウェア，コミュニケーションソフトウェア，セキュリティソフトウェア等の維持管理は適正か。（ツール304参照）
	オペレーティングステム(O/S)	Android, BSD, iOS, Linux, Microsoft Windows, OS X, Windows Phone, IBM z/OS などは適正なものを選択しているか。（ツール207・295参照）

（1）ソフトウェアプログラム以外の知的財産権

① 特許権：発明の定義・登録要件・特許出願手続・特許請求の範囲・通常実施権等の検討が必要になる。

② 実用新案：保護の対象・権利存続期間・審査の有無・費用・権利行使等の検討が必要となる。

③ 意匠権：新規性（意匠権）・創作性（意匠権）・美観・外観（意匠権）・デザインの創作等の検討が必要になる。

④ 商標権：商品を購入し，あるいは役務の提供を受ける需要者が，その商品や役務の出所を認識可能とするために使用される標識は適正に保護されているかを検討する。

⑤ 著作権：著作権の対象・著作権の保護・著作権者・権利の特徴・権利が生じないもの等について，管理・整備は適正に行われているかを検討する。

図表2-31（ツール336） 知的財産の全体構造

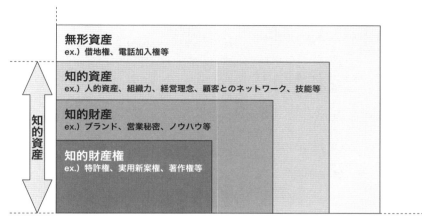

出所：経済産業省ホームページ

（2）業務系ソフトウェアプログラム

① 資源調達業務アプリケーション：資材等の調達のための業務アプリケーションは適切に構築・稼働しているか。

資材調達をする場合においても，単に在庫がなくなったから調達するということではなく，在庫を減らしながら，なおかつ欠品しないためのアプリケーション開発が求められ。図表2-32のような正確な売上予測をし，それに伴う資材調達がなされなければならない。

② 製造業務アプリケーション：製造業務における業務アプリケーションは適切に構築・稼働しているか。

製造に関する業務アプリケーションも各種あるが，図表2-33のような概要設計ができたうえでベンダーを決めないと，ソフトウェアの開発追加料金がかさむことになる。

③ 物流業務アプリケーション：物流に関する業務アプリケーションは適切に構築・稼働しているか。

物流業務においても，一例をあげれば図表2-34のような概要設計が社内で

図表2-32　売上予測（卸，メーカー間）と原料・資材発注プロセス

順序	計　算　内　容	計　算　式（新商品は除く）
1	季節商品・セール商品は自動発注から除外する	自動発注対象データの抽出
2	支社別出荷データから単品別週単位の売上予測（出荷予測）を算出する　　　　　　　（1次予測）	5週前データ　4週前データ　3週前データ　2週前データ　先週データ 単品出荷データ ×××　×××　××× ウェイト　　60%　80%　100%　120%　140% 　　（a＋b＋c＋d＋e）÷5＝今週売上予測 　　（簡易版指数平滑法）
3	52週変動指数(カテゴリー別)の算出	52週の季節変動数の算出(又は改訂)
4	単品別、売上予測の算出 （2次予測）	(1次予測)×52週変動指数=2次予測
5	リ　ー　ド　タ　イ　ム	特定商品‥‥2週間 通常商品‥‥2日間
6	販促(セール)データ等の処理 最終売上予測（3次予測）	2次予測データ→販促データの加味→特注品データ加味＝3次予測データ
7	発注量(生産量)調整	バイヤーレベルの発注調整
8	原料・資材の必要量算出 （原料・資材）	最終売上予測×レシピーテーブル＝原料・資材の必要数算出 　（原料・資材の必要数の算出）　4次予測
9	原料・資材在庫調整のための発注量の調整	原料・資材5次予測データ→資材在庫データ（自動出力）→発注量の調整→原料・資材の必要量（5次予測）

図表2-33　利益管理表（製造レベル）

共　通　項　目					製　造　確　定													差　益	
					売　価						原　価								
受注No.	製品分類コード	製品分類名	材料コード	材料名	数量	単価	金額	賃率	単価	金額	小計	数量	単価	金額	賃率	単価	金額	小計	金額	％
(通報No.変換テーブル)								(分)							(分)					

図表2-34　受注No.別まとめピッキングの例

受注No.　～　No.　(ニックネーム)

受 注 No.	指示区分	顧 客 名	商品コード	商 品 名	入数	総本数	ケース	バラ	チェック
X X X X X X X		Z Z Z Z Z Z Z Z							
X X X X X X X		Z Z Z Z Z Z Z Z							
X X X X X X X		Z Z Z Z Z Z Z Z							
X X X X X X X		Z Z Z Z Z Z Z Z							
			X X X X X X X	Z Z Z Z Z Z Z Z Z Z Z Z	X X	X X	X X X	X X X X	

図表2-35　商品シリーズ別月・累計計画・売上実績表

シリーズ or 大分類名 or 代理店 or 部門

大等シ分又りー類はズ	商 品 名	前　年		年　月　(当月)						累　計						
				予　算		実　績		前年比	予算比	前　年		予　算		実　績		前年比	予算比
		本数	金額	本数	金額	本数	金額			本数	金額	本数	金額	本数	金額		

構築されなければならない。

④　**販売業務アプリケーション**：販売業務におけるアプリケーションは適切
　　に構築・稼働しているか。

　販売業務においても，適切な概要設計がなされていなければならない。メー
カーが卸を通じて行う販売業務アプリケーションの一例をあげれば，**図表
2-35**のようになる。

⑤　**サービス業務アプリケーション**：保守メンテナンス・財務・給与計算等の
　　アプリケーションは適切に構築・稼働しているか。

　筆者が活用している業務ソフトウェアを紹介すると，**図表2-36**のようにな
る。

図表2-36（ツール219）　業務ソフトウェアの例

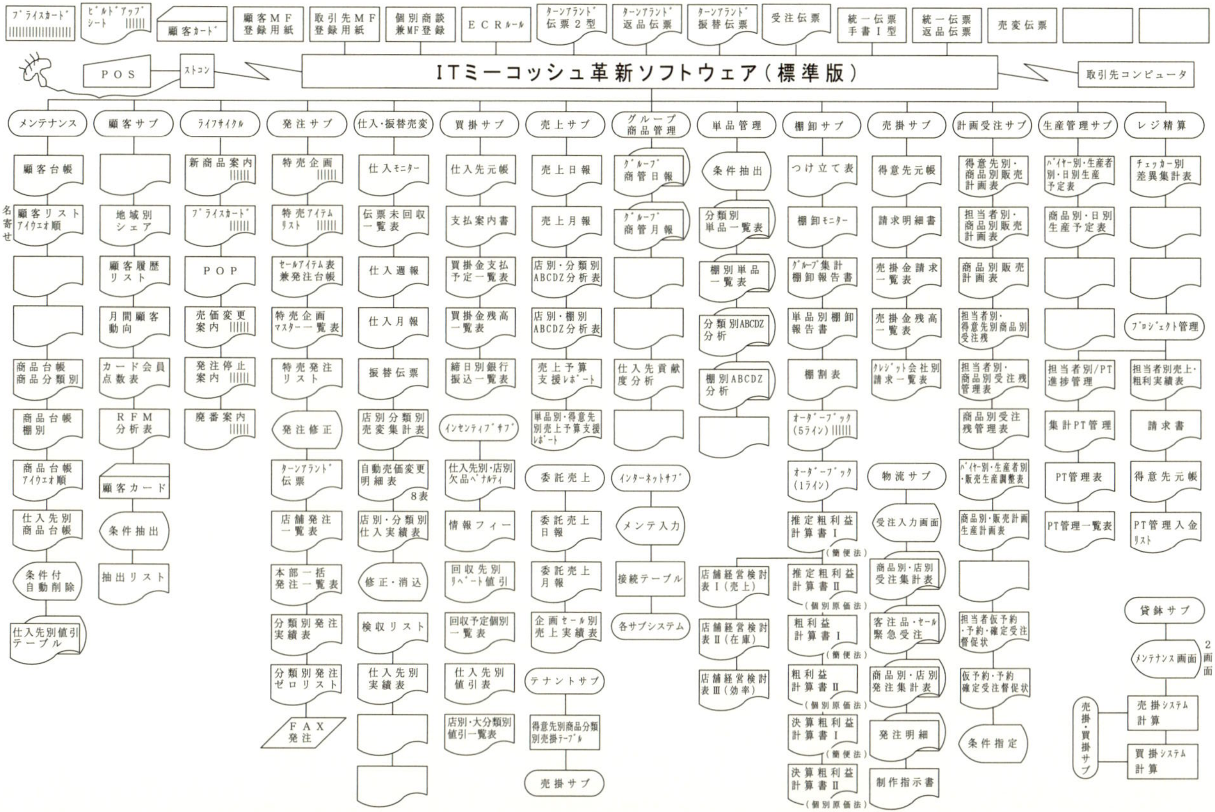

（3） コミュニケーションソフトウェア

① 電子コミュニケーション：a.共同会議，b.非同期会議，c.電子メール，d.ファックス，e.SNS等は適正に行われているか。

② 電子会議ツール：a.インターネットフォーラムまたはディスカッションボード，b.オンラインチャット，c.テレフォニー，d.ビデオ会議，e.電子会議システム（EMS）等は適正か。

③ 共同管理（コーディネーション）：a.電子カレンダー，b.プロジェクト管理システム，c.オンラインブリーフィング，d.ワークフローシステム，e.知識管理システム等は適正か。

④ 電子掲示板（BBS）機能：a.インターネット総合掲示板，b.インターネット専門掲示板，c.インターネット画像掲示板，d.地方ローカル掲示板，e.P2P掲示板等は適正か。

⑤ ライブラリー機能：a.動的ライブラリー，b.リモートライブラリー，c.共有ライブラリー，d.オブジェクトライブラリー等は適正か。

（4） セキュリティソフトウェア

① ウイルス・スパイウェア対策・不正侵入対策：a.感染ファイルの駆除，b.脅威報告，c.予約検索，d.簡易検索，e.ファイアウォール等は適切に構築・運用されているか。

② 迷惑メール対策：a.迷惑メール対策，b.メール内のURL危険度，c.WebメールのURLの危険度，d.外国メールのブロック，e.詐欺メール対策等は適切か。

③ 有害サイト対策：a.フィッシング対策，b.有害サイト規制，c.安全性評価，d.SNSのURLの安全性，e.URLのフィルタリングは適切か。

④ 複数PC管理・個人情報保護：a.リモート管理，b.リモート検索の実行上の課題，c.個人情報の保護等は適切か。

⑤ その他のサービス機能：a.暗号化，b.PC盗難対策，c.PC内クリーナー，d.セキュリティレポート，e.クレジットカードの保護等は適切か。

（5）オペレーティングシステム

① Android：Googleによって開発されたスマートフォンやタブレットなどの携帯情報端末OSである。2017年末現在，スマートフォン用のOSとしては，世界シェア1位。

② iOS：アップルのスマートフォンであるiPhoneや，PDA機能を持つデジタルメディアプレーヤーのiPod touch，タブレット端末のOSである。

③ Linux：Linuxは，Unix系のオペレーティングシステムの一種であるが，スーパーコンピュータ・メインフレーム・サーバー・PC・組み込みシステム（携帯電話やテレビなど）など，幅広い種類のハードウェアとともに使用されている。

④ Microsoft Windows：インテルのマイクロプロセッサ（CPU）を搭載したコンピュータで動作するOSである。2017年末現在では一般向けのPCの大半で使用されている。

⑤ Windows Phone：マイクロソフトが独自に開発・提供しているスマートフォン向けのモバイルオペレーティングシステム（OS）とハードウェア プラットフォームである。

⑥ ハードウェア（有形資産）支援の具体策

本書では有形資産をハードウェアとして識別している。その概略を示せば図表2-37のようになる。

（1）土地の有効活用

① 社有地の有効活用度合い：社有地の課題対応性・先導性・独創性・汎用性・経済性・社会貢献等の観点から活用度合いを評価し，有効活用しているか。

図表2-37　ハードウェア（有形資産）要素

ハードＷ（有形資産）	6	土　　地	社有地の有効活用度合、社有地の賃貸有効活用度合、社有地の価値、賃借地の活用度合：賃借地の価値と地代等は適正か。
		建　　物	社有建物の有効利用度合い、賃貸建物の有効活用度合い、社有建物の価値と担保能力、賃借建物のの有効活用度合い、賃借建物の価値等と地代との判断から適正か。
		設備・車輌	社有設備・車両・社有設備・車両の活用度合い、社有設備・車両の担保能力、賃借設備・車輌の活用度合い、賃借設備・車両の価値から見て賃借料等は適正か
		セキュリティ機器	オートロック、生態認証、防犯カメラ、他の防犯機器、UTM（総合脅威管理機器）の整備は適正か。
		情　報　機　器	端末システム機器、クライアント・サーバー関連機器・生産製造関連機器・物流関連機器・通信関連機器等の整備は適正か。（ツール184・207・221参照）

② 社有地の賃貸有効活用度合い：社有地の賃貸課題対応性・先導性・独創性・汎用性・経済性・社会貢献等の観点から活用度合いを評価し，有効活用しているか。

③ 社有地の価値と担保能力：社有地の課題対応性・先導性・独創性・汎用性・経済性・社会貢献等の観点からの価値と担保能力を評価し，有効活用しているか。

④ 賃借地の有効活用度合い：賃借地の課題対応性・先導性・独創性・汎用性・経済性・社会貢献等の観点から活用度合いを評価し，有効活用しているか。

⑤ 賃借地の価値と地代：賃借地の課題対応性・先導性・独創性・汎用性・経済性・社会貢献等の観点からの価値と地代を評価し，有効活用しているか。

（2）建物の有効活用

① 社有建物の有効活用度合い：社有建物の課題対応性・先導性・独創性・汎用性・経済性・社会貢献等の観点から活用度合いを評価し，有効活用しているか。

② 社有建物の賃貸有効活用度合い：社有建物の賃貸課題対応性・先導性・独創性・汎用性・経済性・社会貢献等の観点からの活用度合いを評価し，

有効活用しているか。

③ **社有建物の価値と担保能力**：社有建物の課題対応性・先導性・独創性・汎用性・経済性・社会貢献等の観点からの価値と担保能力を評価し，有効活用しているか。

④ **賃借建物の有効活用度合い**：賃借建物の課題対応性・先導性・独創性・汎用性・経済性・社会貢献等の観点から活用度合いを評価し，有効活用しているか。

⑤ **賃借建物の価値と家賃**：賃借建物の課題対応性・先導性・独創性・汎用性・経済性・社会貢献等の観点からの価値と家賃を評価し，有効活用しているか。

（3）設備・車両の有効活用

① **社有設備・車両の有効活用度合い**：社有設備・車両の課題対応性・先導性・独創性・汎用性・経済性・社会貢献等の観点から活用度合いを評価し，有効活用しているか。

② **社有設備・車両の賃貸有効活用度合い**：社有設備・車両の賃貸課題対応性・先導性・独創性・汎用性・経済性・社会貢献等の観点からの活用度合いを評価し，有効活用しているか。

③ **社有設備・車両の価値と担保能力**：社有設備・車両の課題対応性・先導性・独創性・汎用性・経済性・社会貢献等の観点からの価値と担保能力を評価し，有効活用しているか。

④ **賃借設備・車両の有効活用度合い**：賃借設備・車両の課題対応性・先導性・独創性・汎用性・経済性・社会貢献等の観点から活用度合いを評価し，有効活用しているか。

⑤ **賃借設備・車両の価値とリース・レンタル料**：賃借設備・車両の課題対応性・先導性・独創性・汎用性・経済性・社会貢献等の観点からの価値とリース料・レンタル料等を評価し，有効活用しているか。

(4) セキュリティ機器は適正か
 ① オートロック：オートロックの課題対応性・安全性・信頼性・経済性等の観点からセキュリティ度合いを評価し，有効活用しているか。
 ② 生体認証：生体認証の課題対応性・先導性・独創性・安全性・信頼性・経済性等の観点からセキュリティ度合いを評価し，有効活用しているか。
 ③ 防犯カメラ：防犯カメラの課題対応性・独創性・安全性・信頼性・経済性等の観点からセキュリティ度合いを評価し，有効活用しているか。
 ④ 他の防犯機器：他の防犯機器の課題対応性・独創性・安全性・信頼性・経済性・社会貢献等の観点からセキュリティ度合いを評価し，有効活用しているか。
 ⑤ UTM（総合脅威管理）機器：UTM（総合脅威管理）機器の課題対応性・独創性・安全性・信頼性・経済性等の観点からセキュリティ度合いを評価し，有効活用しているか。

図表2-38　みずほ銀行の生態認証例

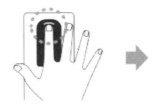

出所：みずほ銀行ホームページ

(5) 情報機器
 ① 端末システム関連機器：店頭端末（POS・ATM等），EOS（電子的発注システム），GOT，ハンディターミナル，パソコン，スマートフォン・タ

図表 2-39　TECのPOSシステム
ST-700 12インチモニター・キータッチ式POSターミナル

出所：東芝TEC㈱ホームページ

図表 2-40　三菱電機の表示器GOT
GOT（グラフィックオペレーションターミナル）2000シリーズ

出所：三菱電機㈱ホームページ

　　ブレット端末等は効率性・安全性・信頼性等は適正に選択されているか。
② **クライアント/サーバー関連機器**：サーバー，クライアント，プリンター，ハブ，バックアップ装置等，効率性，安全性，信頼性の観点から適正に

図表2-41　ハンディターミナル

キーエンスの超小型バーコードハンディターミナルBT-600シリーズ

出所：㈱キーエンスホームページ

図表2-42　クライアント/サーバーシステムの例

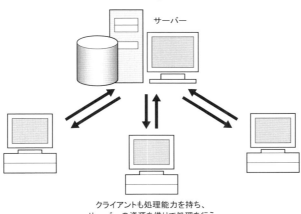

選択されているか。
③ 生産製造関連機器：CAD（コンピュータ支援設計），CAM（コンピュータ支援製造），NC（数値制御），FMS/FA，CIM（コンピュータ統合生産）等，効率性，安全性，信頼性の観点から適正に選択されているか。
④ 物流関連機器：フォークリフト端末，デジタルピッキング，ピッキングカート，コンベア/ソーター，物流コントローラー等，効率性，安全性，

図表2-43 デジタル・ピッキングシステムの例

出所：㈱IHIホームページ

　信頼性の観点から適正に選択されているか。
⑤ **通信関連機器**：通信回線，ネットワーク接続機器，セキュリティ部品，通信交換機，CTI/電話機等の効率性，安全性，信頼性等の観点から適正に選択されているか。

第 **3** 章

MMMメソッドによる
経営革新期待効果算出と
実現への具体策

期待効果算出の方法はいろいろある

期待効果算出方法には各種の手法がある。代表的なものを挙げると図表3-1のようになる。

(1) KPI手法は経営の期待値である

KPIは，経過指標（重要業績手法）であって，最終到達目標（KGI：Key Goal Indicator）に到達するための途中の目標ともいうべきものである。通常，業績や効果などを表す先行指標といわれているものである。

数値としては，売上・値入率・粗利率・営業利益率・経常利益率・在庫回転率等が指標として使われることが多い。

(2) ABC（活動基準原価計算）手法は現実のコストに裏打ちされている

この手法は，一般的に業務プロセスや活動基準別に原価計算を行い，現状のコストと革新後のコスト比較を想定して期待効果を算出する方法で，最も現実の業務にマッチしたやり方で信頼度が高いといえよう。

筆者もこのやり方に準拠した方法を実践しており，クライアントにとっても，納得度の高いものとなるであろう。これについては第4章3節で詳しく述べることにする。

(3) ベンチマーキング手法は優れた企業の指標との比較である

この手法は，同業の競合企業や，優れた企業の業績指標を参考に，現状の自社コストと革新後のコストを比較して期待効果を測定する方法である。

この方法の弱点は，期待効果は算出しても，それを実現するための方策が示されない場合にあっては，単なる夢物語になる恐れがあることである。

図表3-1（ツール41）　期待効果を算出する5つの手法（Ver.3）

	手　法　名	概　　　　要
1	KPI手法 Key Performance Indicator 経過指標（重要業績指標）手法	業績や効果などを表す先行指標のことで、売上・値入率・粗利益・在庫回転率等を定量的に把握する方法である。
2	ABC手法 Activity Based Costing 活動基準原価計算手法	一般的に業務プロセスや活動基準別に原価計算を行い、現状のコストと革新後のコスト比較を想定して期待効果を算出する方法である。
3	ベンチマーキング手法 Benchmarking	同業の競合企業や、優れた企業の業績指標を参考に、現状の自社コストと革新後のコストを比較して期待効果を測定する方法である。
4	ROI手法 Return On Investment 投下資本利益率手法	ROIは「利益÷投資」で計算される数値で、投資効果を見るための一般的な呼び方。現状の利益は把握できるが、期待効果に対しては上記①～③いずれかの手法を併用することをお勧めしたい。
5	構成要素整備度手法	経営の構成要素をマインドウェア・ヒューマンウェア・コミュニケーションウェア・ソフトウェア・ハードウェアの5つの構成要素に分け、整備度を向上させることによって、経常利益がどのように変化向上するかを算出する手法。

（4）ROI手法（投下資本利益率手法）は資本から見た指標である

　ROIは「利益÷投資」で計算される数値で，投資効果を見るための一般的な呼び方である。現状の利益は把握できるが，経営革新における期待効果に対してはやや使いにくい面があろう。現実的に期待効果を実現するためには上記（1）～（3）のいずれかの手法を併用することをお勧めしたい。

（5）構成要素整備度手法は経営革新の本質を問うた指標である

　この手法は筆者独自のものである。経営の構成要素をマインドウェア（あり方・考え方），ヒューマンウェア（やり方・スキル），コミュニケーションウェア（約束事・EDI：電子的データ交換方式），ソフトウェア（知的財産権），ハードウェア（有形資産）の5つの構成要素に分け，整備度を向上させることによって，営業利益がどのように変化向上するかを算出する手法である。

　この手法については次節で詳しく述べてみたい。

第3章　MMMメソッドによる経営革新期待効果算出と実現への具体策　　**73**

② 1次期待効果の速攻算出で やる気を引き出せ

　この手法は，第1章2節で既述したが，MMM（ミーコッシュ・マンダラ・マトリックス）メソッドのパッケージソフトによる要素整備度1次期待効果の速攻算出について述べることにする。一般的にはあまり使われていない手法であるが，クライアントに早い段階（3日～5日程度の支援日数内に期待効果を出す必要がある場合）に提示するには便利な手法である。経営革新を行うことによって，どのような効果が期待できるかを第1次的に自動算出するパッケージプログラムである。この手法は，過去の中小企業経営指標統計をもとに，筆者の独自のアルゴリズムによって，簡単に算出できるようにパッケージプログラム化したものである。

(1) 企業ドック診断としてのMMMメソッドパッケージの全体構成

① メーンドライバーとしての5つの構成要素

　第1章・第2章でMMMメソッドを説明してきたが，もう一度パッケージの側面からまとめてみたい。

　図表3-2に示すようにMMMメソッドは，メーンドライバーとして，マインドウェア，ヒューマンウェア，コミュニケーションウェア，ソフトウェア，ハードウェアの5つの構成要素で行うことになる。

② 5つの構成要素チャートの出力で企業の長所・短所を可視化する

　5つの構成要素が集計されると同時に，チャートが出力される。それは，現在，1年後，2年後，3年後という具合に進化の度合いが視覚で確認できるようになる。

③ 評価点によって総合診断見極めテーブルで仕分けされる

　要素整備度の評価点が算出されると，図表1-5で説明したように，どのライ

図表3-2（ツール237） MMMメソッド診断の体系

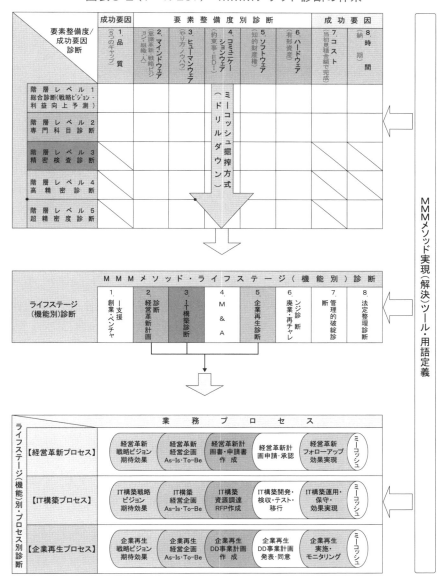

第3章 MMMメソッドによる経営革新期待効果算出と実現への具体策

フステージで経営革新が実行できるかを判断し，振り分けをすることになる。今回は経営革新を中心に執筆することになるが，並行してIT構築や企業再生ステージでやるべきかを要素整備度の視点から判断することになる。

④ 業種別振り分け

業種によって，特性が異なるので，業種を選定できるようになっている。これはあらかじめ用意された業種の中から選択する仕組みである。

⑤ 経営状態による振り分け

黒字企業，赤字企業，再生企業（債務超過企業）で回帰曲線が異なるので区分している。

⑥ 現在の売上・1年後から3年後までの予測値の入力

現在の売上と1年後，2年後，3年後の目標値を入れることになるが，経営革新の真の効果を見るには，現在の売上のままで経常利益がどれだけよくなるかを見たほうが，真のイノベーション効果を見ることができる。

⑦ 現在の経常利益入力で1次期待効果が算出される

現在が黒字か赤字かに関係なく事実を入力する。この場合，たとえ財務上の内容がお化粧されたものであっても，どの程度向上するかを見ることができるところに特徴がある。

（2）構成要素整備度による期待効果算出（第1次期待効果の算出）の実際

すでに第1章で説明したように，図表1-4の用紙に要素整備度を評価し，図表1-5の総合診断見極めテーブルで経営革新かIT構築か企業再生か等の見極めがなされるが，それに至る段階で第1次期待効果の算出ロジックを説明してみたい。

76

図表3-3　MMMメソッド要素整備度評価表（Ver11.4）

要素整備度評価表 Ver11.4

機能番号1 ： 企業ドック/要素別・階層別診断(原稿用) / 階層レベル1 / 共通総合診断(階層レベル1)

記述日：　　　　評価者：

要素整備度評価表	要素整備度レベル	要素整備度評価の内容		評価スコア
	レベル1	IT・経営革新・企業再生等成功のための諸条件が、殆どできていない。又は殆どできない。		1
	レベル2	〃	あまりできていない。又はあまりできない。	2
	レベル3	〃	なんとかできている。又はなんとかできる。	3
	レベル4	〃	ほぼできている。又はほぼできる。	4
	レベル5	〃	完全にできている。又は完全にできる。	5

NO		評価項目	評価項目の補足説明	要素整備度			
				現状	1年後	2年後	3年後
2 （マインドW考え方・あり方）		経営者/経営理念	①経営理念の成文化、②経営者の自己変革、③社員との信頼関係の構築、④企業倫理、⑤リーダーシップ等は適正か。（ツール141・142参照）	2	2	3	4
		経営戦略（ビジョン）	KGI（最終到達目標）・SWOT分析・成功要因・ドメイン・コアコンピタンス・マネジメント要件・期待効果等は適正か。（ツール98-1・132・35・36・38・39・82・134・40参照）	2	3	3	4
		組織能力	組織デザイン、組織構造、組織マネジメント、企業文化、価値観の共有、等は適正か。（ツール23・24・121・122・204参照）	3	3	3	3
		社会的責任	経営の透明性、環境対応、社会的要請への対応、雇用・安心・安全整備は適正か。	3	3	3	4
		人材育成	社員の自主性、共に学び共に育ちあう社風、対等な労使関係、社員・組織体の業績評価、HMR(人的資源管理)整備は適正か。（ツール85・86・148・162・169・200・263参照）	3	3	3	4
3 （ヒューマンWスキル・やり方）		内部・外部環境(問題点・課題点)分析スキル	STEEP分析・業界関係分析・ファイブフォース分析・SWOT分析・4C分析等スキルは十分か。（ツール28・28-1・29・30・31・32・35・81・81-1参照）	2	2	3	4
		ソリューションスキル	ビジネスモデル、BIIモデル(As-Is・To-Beモデル)、企画書・計画書・調達・開発・運用・保守のスキルは充分か。（ツール315・315-5・315-7・248・249・参照）	2	2	3	3
		技術力	研究開発技術・生産技術・流通技術・人材育成技術・情報技術は充分か。（ツール94・95・96・272・226・339参照）	2	2	3	3
		企業ガバナンス	統制環境業務・リスク評価と対応業務・統制活動業務・情報と伝達業務・ITへの対応業務プロセス構築は出来ているか（ツール248・249参照）	2	3	3	4
		ライフステージEXIT(出口)戦略スキル	創業・経営革新・IT構築・M&A・企業再生・廃業・再チャレンジ・ノウハウは持っているか。（ツール77・237・25参照）	2	2	3	3
4 （コミュニケーションW約束事・EDI）		法律政令・省令の遵守	商法・新会社法・労働法・中小企業基本法・税法等を理解し、遵守までの時間は算出され、それは適正か。	2	2	3	4
		企業内の約束ごと	従業員マナ－(ANAの例)、従業員行動規範、分掌規定、就業規則・附則・その他等は理解され順守され、それは適正か（ツール277参照）	2	2	3	4
		コミュニケーションルール	メラビアンの法則・セリングルール・コミュニケーションの基本原則・コーチングルール・ファシリテーションルール（ツール120・193参照）	2	3	3	4
		ビジネスプロトコル	商慣行、取引基本規約・取引運用規約・取引表現規約・取引通信規約整備等は適正か（ツール258・259・277参照）	2	2	3	4
		ネットワーク、情報共有、情報公開	ネットワーク形態・通信サービス・情報公開・社内の情報共有・ビジネスパートナーとの共有等の整備は適正か。（ツール277・304・305参照）	3	3	3	4
5 （ソフトW・知的財産権）		ソフトプログラム以外の知的財産権	特許権・実用新案・意匠権・商標権・著作権の管理・整備は適正か。（ツール336参照）	2	2	3	3
		業務系ソフトウェア	資源調達・製造・物流・販売・サービス等の業務ソフトは適正か。（ツール219・336・347・373・380・413参照）	2	3	3	4
		コミュニケーションソフトウェア	電子コミュニケーション・電子会議ツール・共同管理（コーディネーション）・電子掲示板・ライブラリー機能等のソフトは適正選択しているか（ツール305参照）	3	3	3	4
		セキュリティソフトウェア	業務系ソフトウェア、情報系ソフトウェア、コミュニケーションソフトウェア、セキュリティソフトウェア等の維持管理は適正か。（ツール304参照）	3	3	3	4
		オペレーティングシステム(O/S)	Android、BSD、iOS、Linux、Microsoft Windows、OS X、Windows Phone、IBM z/OS などは適正なものを選択しているか。	3	3	3	3
6 （ハードW・有形資産）		土地	社有地の有効活用度合、社有地の賃貸有効活用度合、社有地の価値、賃借地の活用度合：賃借地の価値と地代等は適正か。	4	4	4	4
		建物	社有建物の有効利用度合い、賃貸建物の有効活用度合い、社有建物の価値と担保能力、賃借建物のの有効活用度合い、賃借建物の価値等と地代との判断から適正か。	4	4	4	4
		設備・車輌	社有設備・車両・社有設備・車両の活用度合い、社有設備・車両の担保能力、賃借設備・車輌の活用度合い、賃借設備・車両の価値から見て賃借料等は適正か	3	3	3	4
		セキュリティ機器	オートロック、生態認証、防犯カメラ、他の防犯機器、UTM（総合脅威管理機器）の整備は適正か。	3	3	3	4
		情報機器	端末システム機器、クライアント・サーバー関連機器・生産製造関連機器・物流関連機器・通信関連機器等の整備は適正か。（ツール184参照）	3	3	3	4

※上表においては、MMMの1～8のうち、1.品質、7.コスト、8.時間は定型的なので記載しない。2～6の部分のみ評価を行う。

① 要素整備度を評価する

図表3-3は要素整備度記入画面の全体を示している。評価基準に基づいて評価点を入れていくことは既述した。評価項目の補足説明中のツールNo.は，そのツールを見ることによって，より細かく理解できるようになっている。本文の図表の次に記述しているのも，この「ツールNo.」である。

② MMMメソッド・メーンドライバー要素整備度の集計

図表1-5の総合診断5つの構成要素すなわち，メーンドライバーのマインドウェア，ヒューマンウェア，コミュニケーションウェア，ソフトウェア，ハードウェアの現時点評価スコアと1年目成熟度から3年目成熟度計画を入力することによって，自動的に図表3-4が出力される。

サブドライバーの品質，コスト，時間については運用段階に活用されるのでこの段階では除外して算出される。

図表3-4（ツール38）　要素項目別・現状から年度別整備度向上計画

評価項目	現状成熟度	1年目成熟度	2年目成熟度	3年目成熟度	成熟度向上	主要革命テーマ
1 マインドウェア	13.0	13.0	15.0	20.0	7.0	今までの考え方を白紙に戻して→体質そのものを変える
2 ヒューマンウェア	11.0	11.0	15.0	20.0	9.0	つぎはぎ改善ではダメ→抜本的なリデザイン
3 コミュニケーションウェア	11.0	11.0	15.0	20.0	9.0	今までの馴れ合い取引ではダメ→抜本的なルールの見直し
4 ソフトウェア	13.0	13.0	15.0	18.0	5.0	現状業務追随型ではダメ→ソフトウェアを戦略化すべき
5 ハードウェア	16.0	16.0	16.0	20.0	4.0	現状業務追随型ではダメ→ハードウェアを戦略化すべき
合　計	64.0	64.0	76.0	98.0	34.0	
改善差	－	0.0	12.0	22.0	－	

③ MMMメソッド・要素整備度レーダーチャートとの自動出力

図表3-4の年度別要素整備度向上計画の出力と同時に，図表3-5のメーンドライバーのレーダーチャートも出力される。このレーダーチャートを見れば，どの構成要素に整備度の不足があるかが一目でわかり，対策としての要素整備

図表3-5（ツール38）　メーンドライバーのレーダーチャート

※ ITミーコッシュ簡易診断で記入した結果が5つのウェアのそれぞれにプロットされ、
線で結ばれたグラフが表されます

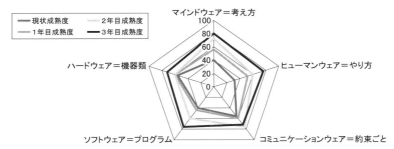

図表3-6　業種別・経営状態別期待効果

業種／状況選択	2	製造業	1	黒字企業

2. 売上金額について、直近および1年目～3年目の計画金額を千円単位で入力してください。
革新後経常利益（千円）が計算されます。

現状売上	→	1年目売上	2年目売上	3年目売上
2,000,000		2,000,000	2,000,000	2,000,000

現状営業利益	→	1年目営業利益	2年目営業利益	3年目営業利益
10,000		27,621	48,305	75,516

度向上政策も容易に視覚化できる。

④ 業種別・経営状態別1次期待効果の算出

図表3-6に示したように，当該企業の業種の選択，経営状態（黒字・赤字・再生企業）別に選択し，次年度以降の売上予測によって期待効果が一定のアルゴリズムによって算出される。

この1次期待効果について，あえて売上を横ばいの2,000,000千円としているのは，売上が上昇すれば，通常営業利益は増加するので，売上が上昇しなくとも経営革新によって，営業利益がどのように変化するかを見るためである。

経営革新1年目，2年目，3年目のイノベーションの度合いによって，営業利益の変化を見ることができる。この数字を見ることによって，プロジェクトチームのやる気がわくことであろう。

③ ABCによる2次期待効果の算出でトドメを刺せ

（1）ABC（活動基準原価計算）手法は業務分析に基づく算出方法である

　前述したように，ABC手法は業務プロセスや活動基準別に原価計算を行い，現状コストと革新後のコストを比較想定して期待効果を算出する方法で，裏づけの高い期待効果算出方法といえる。筆者の戦略ビジョンの2次期待効果算出は，この方法を基準に行っている。

　ABC手法の構造概念を示すと**図表3-7**のようになるが，活用手順別に示すと次のことからなる。

（2）ABCの計算構造概念はこのようになる

　全体構成は，リソース（発生費用）・アクティビティ（活動）・コストオブジェクトからなっている。それを追加するごとに，リソースからアクティビティに転換する際には配分（リソースドライバー）のルールがあり，アクティビティからコストオブジェクトに転換する際も配分（アクティビティドライバー）ルールがある。この5つの構成要素から成り立っている。

（3）ABCの計算手順はこのようにやる

　ABCの計算手順を示すと，**図表3-8**のようになる。

　a. リソース：まず人件費等の発生費用を勘定科目の中から抽出する。

　b. 配分（リソースドライバー）：次に作業時間や，占有スペース等の経費割合を計算する。

図表3-7（ツール165） 物流ABCの計算構造概念

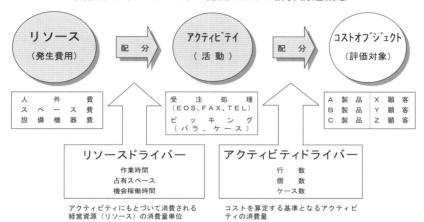

出所：小林勇治著『中小企業にもできる利益を劇的に増やすミーコッシュ導入活用の具体策』経林書房

図表3-8（ツール167） ABCの計算手順

出所：図表3-7に同じ

c. アクティビティ（活動）：実際の稼働費目を抽出し，どの程度の稼働時間がかかっているかを算定する。

d. 配分（アクティビティドライバー）：実際に費用配分する場合には，行数，個数，ケース数等のカウント別に算出基準を決める。

e. コストオブジェクト（評価対象）：最終的にコスト改善を製品別に出すのか，得意先別に出すのかの選択をすることになる。

（4）リソースドライバーでコスト計算をする

ABCで最終的にコスト計算をする場合は，図表3-9のようになる。

a. コスト計算のリソースは損益計算書の勘定科目から抽出される。

b. リソースドライバー（配賦基準）は，時間だったり，使用頻度であったり，専有面積等から決めることになる。

c. 実際のアクティビティ（活動）においては，いくつかの業務プロセスによって分けられる。発生すると思われる業務を列挙することになる。その業務別に実際稼働した時間や使用頻度を記入していくことになる。

図表3-9（ツール168）　リソースドライバー一覧表

リソース	リソースドライバー（配賦基準）	アクティビティ											計	
		入荷・入庫	入荷データ入力	保管	伝票発行	伝票セッティング	ピッキング	流通加工	出荷検品	梱包	送り状データ入力	その他業務		
社員人件費	（その他業務・保管へ）	–	–	50	–	–	–	–	–	–	–	50	100	%
臨時社員人件費	作業時間	1,072	383	–	1,114	508	3,353	1,895	1,926	829	383	–	11,463	時間
外 注 費	（直　課）	–	–	–	–	–	–	–	–	–	–	–	（直課）	
包材・資材費	（直　課）	–	–	–	–	–	–	–	–	–	–	–	（直課）	%
什器・設備費	使用割合（想定）	20	–	20	–	–	40	–	20	–	–	–	100	%
外部倉庫料	（直　課）	–	–	–	–	–	–	–	–	–	–	–	（直課）	%
自社倉庫費	–													
情報処理費	人件費総額(直課)	911	326	900	947	432	2,850	1,611	1,637	705	326	900	11,545	千円
事務消耗品費	使用割合（想定）	–	–	–	90	5	–	–	–	5	–	–	100	%
通 信 費	使用割合（想定）	60	–	–	–	–	–	–	–	–	–	40	100	%
水 光 熱 費	使用割合（想定）	20	–	10	10	–	30	–	10	10	–	10	100	%
保 険 料	対象割合（想定）	30	–	70	–	–	–	–	–	–	–	–	100	%
修 繕 費	使用割合（想定）	25	–	25	–	–	25	–	25	–	–	–	100	%
清 掃 費	（その他業務へ）	–	–	–	–	–	–	–	–	–	–	100	100	%

出所：図表3-7に同じ

図表3-10（ツール40）　物流業務革新によるIT投資期待効果（Ver.5.0）

区分	No	科目	現状コスト（月間）	（円）	革新コスト（月間）	（円）
県	1	倉庫保管料	900円(入庫450・出庫450)×スペット200P/T	180,000	倉庫保管の必要がなくなる。	0円
	2	倉庫の積み降ろし費用	県外10,000c/s×80%・物流会社払い×@11	88,000	コンテナ毎で直接港に行く為ロスが発生しない。	0円
	3	荷物の積み降ろし中の破損（0.2％）	10,000c/s×0.2%×@1,000×12本	240,000	パレットによる移動の為破損しない。	0円
	4	港におけるコンテナ積込作業コスト	10,000c/s×@10（月平均）	100,000	コンテナ積込みになっている為に手作業が発生しない。	0円
		小　計（月）		608,000		0円
		小　計（年）		7,296,000		0円
		年間マテハンの革新期待効果		7,296,000円		単位:円
外	1	a.商品が不足（受注残）の時の問い合せ	ア＋イ＋ウ＋エ＋オ＝a	1,125,476[6]		0円
		ア．各種問い合わせに対して明確な返答が即答できない。	91分×5件×16.6件（1分当り人件費）×25日＝188,825			0円
		イ．工場での受注残が分からない為に製造変更が発生	3,210分×3件×16.6件（月間）×159,858		3,161分×1分16.6月分＝52,472円	
		ウ．工場での受注残が見えない為に、販売チャンスロスが発生	18億円×1%（想定）×12×50%＝750,000			0円
		エ．受注残管理が手集計・手作業による人件費（各部所）	1日57分×25日×16.6件×10件＝23,655円			0円
		オ．納期遅れ等の問い合せに対する各種連部門の事務作業の増大	43分×16.6月×10件＝7,138円		20分×16.6月×5件＝1,660円	
		b.納品指定日に到着しない場合の問い合せ	1人×1日×1件×1,000円×25日	25,000		0円
		c.破損に対する問い合せ	1H×1,000円×10件	10,000		
		d.小ラパック問い合せ	1,000円×16分÷60分＝267円 267円×5個（月）+通話料200	1,535	1,000円×16分÷60分＝267円 267円×5回（月）+通話料200	1,535
	2	出荷指示書・受注書納品日予告コスト（人件費・FAX費用）	人件費＝20件×1,000円×3H×25日＝1,505,000 通信費＝20件×10円×25日＝10,000	1,505,000	コンピュータによる自動伝送	0円
	3	送り状の未回収による請求不能額	150,000/2年÷24ヶ月×3倍	9,375	送り状を回収した分に対して配送料を支払う仕組みに変更して解消	0円
	4	仕入先出荷データを買掛データに自動作成のため、物流段階のトラブルで商品未着の場合に過剰請求される。	（2年に1回）8,000,000×1/100×1/2年÷12ヶ月×3倍	10,000	コンテナ毎による自動集計により、営業人件費は0になる。	0円
	5	新梱納入車輌の帰り便の利用による物流コストの削減	10,000ケース×360円＝3,600,000	3,600,000	10,000ケース×190円＝1,900,000円	1,900,000円
		小　計（月）		6,290,386		1,900,000円
		小　計（年）		75,484,632		1,955,667円
					計（年）	23,468,004円

図表3-11（ツール39）　ABC手法による2次期待効果算出例

ステップ\項目	経 営 革 新 の 内 容	実施期間	現状コスト	革新後コスト	期待効果	投資金額
第一ステップ	マテハンの改善による期待効果	17.7～18.6	729.6万円	0円	729.6万円	
第二ステップ	物流業務・システム革新による期待効果	17.7～18.6	5,841.7万円	2,346.8万円	3,494.9万円	
第三ステップ	購買・製造・在庫管理システム革新による期待効果	17.7～18.6	5,161.2万円	1,093.2万円	4,068万円	
第四ステップ	製品・製造資材・原料調達による改善効果	18.1～18.12	3,097.7万円	0円	3,097.7万円	
第五ステップ	受注入力、納品書作成、請求書発行に関する改善効果	17.7～18.6	566.1万円	189.3万円	376.8万円	
合　　　　計			15,396.3万円	3,629.3万円	11,767万円	

（5）ABCの考えで2次期待効果を算出して，トドメを刺せ

業務モデルのAs-Is・To-Beモデル等の改善効果を細かく算出すると，**図表3-10**のようになる。すなわち，経費項目を列挙し，現状コストと革新後のコストを算出している。この例では，月間195万円・年間2,347万円の削減効果が出ることになる。

これらの根拠のもとに集計されたのが**図表3-11**である。

第1章3節でも説明したが，中小企業の例で示すと，**図表3-12**のようになる。経営者にはこの1ページをもって説明すれば十分である。

また，プロジェクト全体が横道にそれそうになったときには，この期待効果のために経営革新をすることを強調して，ぶれるのを防ぐ役目を果たすことになる。

（6）期待効果出さずして民間コンサルタントに依頼は来ない

期待効果を提示することは，関与先に対するコンサルタントのプレッシャーとなるし，責任も感じることになるが，**「命がけで企業をよくする気」**がなければ顧問先の依頼は来ないだろう。

図表 3-12 戦略ビジョン

（要素整備度分析／革新テーマ）

	現状	1年目	2年目	3年目	主要革新テーマ
MW	13.0	13.0	15.0	20.0	今までのあり方を白紙に戻して一体質そのものを変える
HW	12.0	12.0	15.0	20.0	つまりは改善ではなく一抜本的なルールの見直し
CW	11.0	12.0	12.0	20.0	今までの取り合いではダメ一ソフトウェアの質見直し
SW	12.0	13.0	15.0	19.0	現状業界超越型ではなく一ソフトウェアを軸に革新すべき
HW	16.0	16.0	16.0	20.0	現状業界超越型ではなく一ハードウェアを軸に革新すべき
合計	64.0	66.0	76.0	99.0	

現状売上	1年目売上	2年目売上	3年目売上	売上向上
2,000,000	2,000,000	2,000,000	2,000,000	
現状営業利益	1年目営業利益	2年目営業利益	3年目営業利益	経常利益向上
10,000	27,621	48,305	75,516	65,516

業種：製造業
状況：黒字企業

（IT・経営革新のステップと期待効果）KPI：11,767 万円

項目	経営革新の内容	実施期間	現状コスト	革新後コスト	期待効果	投資金額
第一ステップ	マーケハンの改善による期待効果	17.7～18.6	729.6万円	0円	729.6万円	
第二ステップ	物流業務・システム革新による期待効果	17.7～18.6	5,841.7万円	2,346.8万円	3,494.9万円	
第三ステップ	購買・製造・在庫管理システム革新による期待効果	17.7～18.6	5,161.2万円	1,093.2万円	4,068万円	
第四ステップ	製品・製造資材・原料調達による改善効果	18.1～18.12	3,097.7万円	0円	3,097.7万円	
第五ステップ	受注入力、製造資材・納品書作成、請求書発行に関する改善効果	17.7～18.6	566.1万円	189.3万円	376.8万円	
合 計			15,396.5万円	3,629.3万円	11,767万円	

（SWOT分析／重要成功要因）

経営目標（KGI）：5年後 年商30億円

社長の思い入れ：消費者の顧客満足を実現できた体制作りから推進

外部環境

O・機会
①泡盛市場の拡大
②もろみ酢市場の拡大
③他社のシステムの遅れ

T・脅威
①県内市場の価格競争
②県外他社の新規参入
③古い商慣行による新チャネル開発の遅れ

内部環境

S・強み
①主力商品の商品力
②流通業の完成
③各種酒類免許

W・弱み
①納期回答ができない
②短納期対応ビジネス
③各部門間の連携の悪さ

重要成功要因
①価格競争のサービス提供力
②短納期を実現する力
③各部門間連携・進める委員会の制度

新戦略ドメイン：特徴あるオンリーワン商品分野における企業になる

（IT・ニューコンセプト革新要件）

【具体策】
①消費者満足のために全体最適を考える
③マーケット・イン思想の徹底
⑤業績給の積極的導入・・・・競争力をつける
【マインドウェアイノベーション】

①業務プロセスの抜本的な革新
③情報活用能力向上の徹底
②ヒューマンウェアイノベーション

①商慣行の抜本的見直し
③取り引き運用規約の抜本的見直し
⑤取引表現規約の抜本的見直し
③コミュニケーションウェアイノベーション

①ソフトウェアの戦略ビジョンの具現化
③得意先業績管理（例：外発注・返品率）
⑤自社内業績管理（売上・粗利・生産性）
④ソフトウェアイノベーション

①ハードウェアの戦略ビジョンの具現化
③仕入先業績管理（欠品リードタイム）
⑤ハードウェアイノベーション

コンセプトビジョン 焼酎カクテル：特徴ある商品開発力／販売力

出所：小林勇治編著『経営革新支援の進め方』（同友館）を加筆修正

経営革新計画実現へ2つの承認をとれ

(1) 経営革新申請書だけでは不十分である

経営革新を行う場合，「経営革新計画承認」をとることが目的になるようなことがあってはならない。真の経営革新は，経営革新を実現して企業の発展に寄与することである。

そのためには，実現するための具体策が記述されなければならない。申請書の裏づけとなる，具体的なマインドウェア（考え方・あり方），ヒューマンウェア（やり方・ビジネスモデル，業務改革），コミュニケーションウェア（約務改革），ソフトウェア（知的財産権），ハードウェア（有形資産）の改革が具体的に示されていなければならない。それについては第1章・第2章で記述してきたが，ITに関しては不十分な面もあるので，詳細を知りたい方は小林勇治著『中小企業の正しいIT構築の進め方』（同友館）を参考にしてほしい。

筆者は，具体的な経営革新案ができてから，経営革新計画の申請・承認をとるほうが，実現可能性が高くなると思っている。

(2) 実行案としてのAs-Is・To-Beモデルの作成

申請書の実行案として，現状（As-Is）ビジネスモデルでの問題点・課題を明確にし，解決案としての革新（To-Be）ビジネスモデルを示し（第1章4節参照），さらに現状業務モデルの問題点・課題を抽出し，その解決策としての革新業務モデルを示さなければならない（第2章3節参照）。

このことによって，経営革新申請書の裏づけとなる具体策が示されたことになる。

その他の役務改革（コミュニケーションウェア）は，第2章4節で記述したのでそれを参考にしてほしい。IT構築の場合はソフトウェアの構築が求められるが，それも第2章4節で述べた。また，ハードウェアの構築についても第2章で示したので参照してほしい。

（3）RFPの作成と資源調達案

　IT構築が伴う場合においては，RFP（提案依頼書）をより具体的に示さないと，「こんなはずではなかった」とユーザーとベンダーがもめる要因になる。また，追加料金の請求をされる要因にもなる。

　それを防ぐためには，ユーザー・ベンダー間の認識のギャップを防ぐような具体策が求められる。筆者は，これを実行しているおかげで，見積金額に33年間追加料金を支払うことなしで，システム構築を行っている。このことはユーザーにとっても，ベンダーにとっても喜んでもらえるものと思っている。

（4）業務革新に伴うシステム開発と運用案

　システム開発においても，ベンダーとの打ち合わせで，RFPとは違ったことが出てくる場合があるかと思われるが，これはRFP策定以前の打ち合わせが悪いから出てくるのである。

　よって，裏づけのあるRFPが完成していれば，手戻りやシステム変更は起こらない。現場担当者との協議は，As-Is・To-Beモデルの策定，ソフトウェアの概要設計の際に十分打ち合わせしておれば，防止できることである。

（5）データを活用した期待効果の実現案

　IT構築が伴う経営革新の場合においては，データ活用が効果的なものでなければならない。コンピュータが稼働することで終わったと思う場合もあるだろうが，それでは経営革新の目的は達成されたとはいえない。

　企画した，ソフトウェアのアプリケーションの稼働によって，顧客管理，売上管理，仕入管理，商品管理・在庫管理，人的管理，Webのリアル店舗への誘導等が機能した形で有効活用されなければならない。

① 顧客管理は宝の山である

　特に顧客管理に関しては，その活用方法は多岐にわたる。一例をあげれば図表3-13のようになる。

図表3-13 メーカー別・得意先別損益管理表

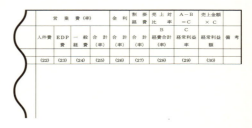

② 売上管理

売上管理は，最もベーシックな管理となる。売上管理の中でも「分類別売上・予実算日報」の例をあげれば図表3-14のようになる。

③ 仕入管理

仕入管理の中でも仕入先貢献度は重要なデータとなる。その一例を示せば図表3-15のようになる。

④ 商品管理

同じく，商品管理に関しても具体的な要望が求められる。それを具体化したのが図表3-16である。

⑤ 在庫管理

棚卸しにおいても，具体的な改革案が求められる。その一例を示せば図表

図表3-14　分類別売上・予実算日報

店別分類名

日付	曜日	天候	販促	当日売上実績				当日売上予算				予実算差異				昨　年　比			
				定番	セール	売上計		定番	セール	予算計		定番	セール	差異計	予算対比	定番	セール	昨年計	昨年比
1															(遂行率)				
2																			
3																			
4																			
〜															〜				
31															(遂行率)				
分類累計															(達成率)				

図表3-15（ツール347）　仕入先別貢献度表

開始　年　月　日〜終了　年　月　日

仕入先№	仕入先名	今年前年	順位	純売上	前年比	売上構成比	累計構成比	仕入高	在庫残高	在庫構成比	累計構成比	在庫日数	値入率	推定粗利益	粗利構成比	累計構成比	貢献度	順位
		今年																
		前年																
		今年																
		前年																
		今年																
		前年																
		今年																
		前年																
		今年																
		前年																
		今年																
		前年																
		今年																
		前年																
		今年																
		前年																
		今年																
		前年																
		今年																
		前年																
		今年																
		前年																
		今年																
		前年																
		今年																
		前年																

図表3-16（ツール380）　商品管理報告書（個別原価適用部門）

No.2

商品名	純　売　上		管　理　原　価		店間振替（金額）	ロス（販促協力金）		在　　庫			札入率	値　　入		
	金　額	構成比	金　額	構成比		金　額	ロス率	金　額	構成比	回転率		金　額	構成比	値入率
			上段:原価 （B）		上段:原価 （C）					（F）	（G）	上段:表示 <u>（H）</u>		（I） ＝ 100 － 原価率 （J）
	下段:売価 （A´）		下段:売価 （B´）		下段:売価 （C´）	下段:売価 （D´）		下段:売価 （E´） E´=Y+B´-A´-D´					

月間 J（原価率）= $\dfrac{\text{月初在庫原価＋月間仕入原価－月間仕入返品原価＋月間振替原価－月間仕入値引}}{\text{月初在庫売価＋月間仕入売価－月間仕入返品売価＋月間振替売価－月間売価変更}}$ ×100　　G= $\dfrac{\text{B´（月間総仕入売価）－B（月間総仕入原価）}}{\text{B´（月間累計）}}$ ×100

（値下げはマイナス、値上げはプラス）

図表3-17　粗利益計算書Ⅲ（年1回実施棚卸出力）

部　門	繰越在庫 （前回棚卸 在庫）	仕入高 （実棚～実 棚の期間）	値入率	売上高 （実棚～実 棚の期間）	棚卸高 （帳簿棚卸）	棚卸高 （実施棚卸）	差損（益） E´	差損率	売上原価 （F）	粗利益 （G）	粗利率 （H）
	上段:原価 （X）	上段:原価 （A）				上段:原価 （D）					
	下段:売価 （X´）	下段:売価 （A´）		下段:売価 （B´）	下段:売価 （C´）	下段:売価 （D´）	E´=D´-C´		F=X+A-C	G=B´-F	

3-17「粗利益計算書Ⅲ（年1回実施棚卸出力）」のように具体的な案が求められよう。

図表3-18（ツール413）　On Line to Off Lineビジネスモデル（Ver.3）

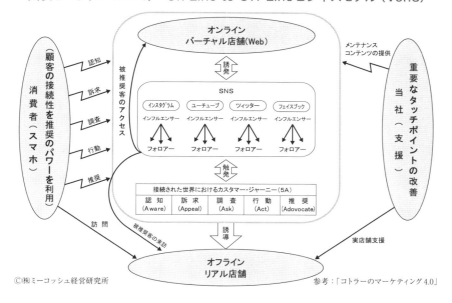

⑥ Web管理

　Webに対する要求概念も明確にしておく必要がある。オンラインとオフラインの関係をSNSでインフルエンサーを活用して引き付けることが重要である。図表3-18のような概念図を説明する必要があろう。

5 経営革新計画実現へ，障害はこのようにして乗り切れ

　経営革新計画承認をとっても，具体的な現場での業務に入り込んでくると，今まで総論賛成だった人も，各論では反対することが少なくない。そのような場合にはどのようにしたらよいのであろうか。

(1) 反対意見を十分説得せよ

経営革新の各論で，自分の業務に直接かかわる打ち合わせになると，反対するケースが最も多い。第2章3節で述べたように，BII（ビジネス・情報・統合）モデルにおいて，現状（AS-Is）業務モデルから革新（To-Be）モデルへの提案をした場合に起きることが多い。しかし，現場でBIIモデルを目の前で作って説明すれば，たいていの場合は反対しない。As-Isモデルだけを作って，プロジェクトメンバーがいないところでTo-Beモデルを作成し提案すると，もめる要因になる。できるだけ目の前で作成し，ある程度納得してもらっておく必要がある。

(2) 賛成派だけでプロジェクトを進めるな

これも重要なポイントである。賛成派だけのイエスマンだけのプロジェクトは避けるべきである。必ず反対派は潜在的に存在するから，反対派の人もプロジェクトに入ってもらって検討するほうが，後でもめずに済む。

この反対派を排除して進めると，本番になって「これは使えない」とか「これではお客様を逃がす結果になる」等，もっともな理屈をつけて反対する場合もある。決して困難や反対派の人を排除しないで，説得する勇気が欲しいものである。

中小企業診断士あるいはITコーディネータは，失敗したときの責任問題等からトップにのみ提言するという考え方もあるが，むしろプロジェクトワーキンググループやベンダーの開発にも積極的に参加して，失敗しないように支援するのが王道と思っている。

① プロジェクト（PJ）メンバー3階層の組み合わせ
- トップは必ず出席する
- ミドルはPJメンバーの30%
- ロワーはPJメンバーの60%くらいが適当であろう。

図表3-19（ツール6） プロジェクト体制図

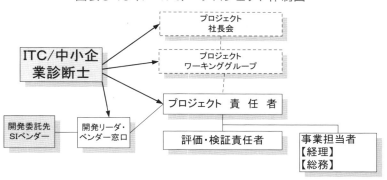

② ポジティブ派とネガティブ派の構成員の混成
- 推進派　50%
- 反対派　20%
- 中間派　30%の割合が適当であろう。

③ PJメンバーのSI（情報系）とBI（経営）系の割合
- PJメンバーのSI系30%
- PJメンバーのBI系70%にすることが適当であろう。

④ スポット参加者
- 関係する事業部の全部が何らかの形で参加
- 出席要求された人は必ず出席するということにしたほうが，プロジェクトの人数が多くなりすぎずに，ちょうどよい具合になる。

（3）全社を巻き込め

　このプロジェクトは，特殊な人だけのものではなく，全社として取り組む必要がある。決して一部の人の仕事としてやるのではなく，全社で取り組み，全社で喜びを分かち合うものでなければならない。「このプロジェクト成功で，

ボーナス1月分アップを図ろう」などと声をかけ，全員参加を呼びかけていく
必要がある。

　よって，各関係部署の業務フローの革新には，必ず現場の人に参加してもら
い推進する必要がある。

（4）革新期待効果を共有せよ

　第1章2節・3節，第3章2節・3節で繰り返し述べたように，革新プロジェ
クトが進むにつれて，当初のものとは違った方向に行き，本来の目的とはずれ
たものになり，そこで問題点や障害を指摘して反対するケースもありうる。

　そのような場合に，この経営革新の期待効果は何を求めているのかの「原点
に返って」方向がぶれないようにする必要がある。そのためにも，プロジェク
トメンバー全員が革新の期待効果を共有しておく必要がある。

第 **4** 章

財務分析の留意点

貸借対照表（B/S）の分析

　経営革新計画の定量的目標を適切に設定するために，計画の出発点である直近の財務諸表が実態を表すようにチェックする。また，中小企業診断士には，事業性を適切に評価し，数値に表れにくい定性的な価値を数値に表すことも期待されている。

(1) B/Sの資産の部のチェックポイント

　B/Sのデューデリジェンス（DD）では，収益の過大表示や資産の過大表示がないかを精査する。具体的には科目間の整合がとれているか，年次の推移に不自然な点がないか，といった視点でチェックし，実態を表したB/Sを作成する。

　主なチェックポイントを以下に挙げる。なお，図表4-1にB/Sの主な項目を表示し，チェックポイントに対応させた。

① 受取手形・売掛金などの売上債権は，売上高を架空計上するために使われることもある。また，正規の売上高に基づく債権でも，回収不能のことがある。それらをチェックするために，売上債権回収期間の傾向が長くなっていないか，売掛帳の金額と一致するかなどをチェックする。

② 売上債権と仕入債務の比率を見る。仕入債務の比率が相対的に低下している場合，売上債権を架空計上している可能性もあるので，理由を調査し，①のチェックをする。

③ 棚卸資産（商品・原材料・仕掛品など）は最も粉飾しやすい科目である。帳簿に記載された数量の現品が存在するか，現品に不良品が含まれていないか，などをチェックする。倉庫管理の状況も参考にして，帳簿チェックの必要性を判断する。

④ 未収入金や仮払金の金額が大きく，継続的に計上されている場合，実態を表示していない可能性が高い。帳簿と照合して実態をチェックする。

図表 4-1　貸借対照表（B/S）のチェックポイント

資産の部			負債の部		
科　目		金　額	科　目		金　額
流動資産			流動負債		
現金・預金	①	○．○○○	支払手形・買掛金	⑨	○．○○○
受取手形・売掛金	②	○．○○○	短期借入金		○．○○○
たな卸資産		○．○○○	仮受金・未払金	⑩	○．○○○
未収入金	③	○．○○○	預り金	⑪	○．○○○
短期貸付金		○．○○○	‥‥‥‥	⑫	○．○○○
仮払金	④	○．○○○			○．○○○
‥‥‥‥					
固定資産			固定負債		
有形固定資産	⑤	○．○○○	長期借入金		○．○○○
建物・構築物		○．○○○	社債		○．○○○
機械装置・運搬具		○．○○○	長期未払金		○．○○○
工具・器具・備品		○．○○○	‥‥‥‥		○．○○○
土地	⑥	○．○○○	負債合計		○．○○○
減価償却累計額		○．○○○	純資産の部		
無形固定資産		○．○○○	株主資本		
電話加入権		○．○○○	資本金		
ソフトウェア		○．○○○	資本剰余金	⑬	○．○○○
投資その他の資産		○．○○○	利益剰余金		
投資有価証券	⑦	○．○○○	その他の包括利益累計額		
敷金・保証金		○．○○○	繰延ヘッジ損益		
会員権	⑧	○．○○○	少数株主持分		
繰延資産					
株式交付費		○．○○○	純資産合計		○．○○○
資産の部合計		○．○○○	負債・純資産合計		○．○○○

出所：中小企業診断協会『中小企業経営革新計画・実践支援マニュアル報告書』を参考に筆
　　　者作成

⑤　貸付金の金額が大きく長期に継続している場合，役員や従業員に資金が
　流れていることがあるので，内容をチェックする。
⑥　固定資産と減価償却累計額を見る。減価償却未計上も最も粉飾しやすい
　科目の一つである。未償却資産はないかをチェックする。また，すでに
　使用できなくなったり，廃棄されたりした固定資産が残存価格のまま残っ
　ていないかチェックし，あれば除却損に計上する。固定資産の価値が著
　しく下落し，その資産としての回収可能額が簿価を下回っていると認識
　される場合には簿価を引き下げる。
　　一方で，使われていない固定資産を有効活用する施策を提案すること
　も診断士には期待される。

⑦ 敷金や保証金は回収の可能性が非常に低い場合がある。契約により償却される場合もある。現実的な回収の可能性をチェックし，計上するかどうかを判断する。

⑧ 会員権や施設利用権などは，購入時より著しく価値が低くなっている場合や，すでに発行元が倒産している場合もある。資産として計上しておくことによって，結果的に利益を過大に表示してきたものである。資産価値としての実態をチェックする。

（2）B/Sの負債・純資産の部のチェックポイント

⑨ 支払手形・買掛金などの仕入債務の回収期間が傾向として長くなっている場合や，仕入先以外に対する支払手形がある場合，資金繰りが苦しくなっていると考えられる。

⑩ 預り金項目で，社会保険料や源泉税などの未払い・滞納はないかチェックする。

⑪ 仮受金・未払金は仮勘定なので，大きい金額が長期に計上されている場合，何らかの問題があるのでチェックする。

⑫ 短期・長期借入金は，正規金融機関以外から高利で借りていたり，簿外債務が存在したりすることがある。損益計算書の支払利息金額と照合して適正かどうかを判断する。

⑬ 役員からの借入金は，負債ではなく自己資本に算入できることが，中小企業特性として認められている。この制度を活用して自己資本比率を計算する。マイナスの場合，つまり債務超過に陥っている場合には，早急に対策を検討する。株主資本構成もチェックする。

② 損益計算書（P/L）の分析

（1）P/Lのチェックポイント

P/LのDDでも，科目間の整合性や，時系列での推移に不自然な点がないかを意識しながらチェックし，適切なP/Lを作成する。

主なチェックポイントを以下に挙げる。なお，図表4-2にP/Lの主な科目を表示し，チェックポイントに対応させた。

① 売上高，売上総利益，営業利益，経常利益，当期純利益などの推移に不自然な点がないかをチェックする。売上原価と販売一般管理費の比率など，大まかな特徴をつかみ，不自然な変化がないかをチェックし，見つけたら原因を徹底的に追及する。

② 臨時的な補助金収入が収益計上されていないかをチェックする。計上されていたら営業外利益として計上する。

③ 売上原価に占める仕入金額とたな卸金額の比率をチェックする。たな卸金額が不自然に多いと，過大な利益を表示しようとしている可能性が高い。請求書の日付が翌年度に延ばされていないかなどもチェックする。

④ 役員報酬の水準が妥当であるか，一定の金額を維持しているか，などをチェックする。

⑤ 人件費総額と売上高・売上総利益のバランスを見る。人件費が著しく低く抑えられていないか，ある年だけ不自然に高かったり低かったりしないかをチェックする。

⑥ 支払手数料や販売手数料の中に，売上原価に相当するものが含まれてないかをチェックする。

⑦ 広告費や販売促進費の内容を調べ，適正に使用されているかをチェックする。

⑧ 販売費及び一般管理費の各費用に無駄がないか，経営革新計画にも使えるものがないかをチェックする。

図表 4-2　損益計算書のチェックポイント

科　目	金　額
商品売上高	0.000
売上原価	
期首商品棚卸高	0.[②]
当期製品製造原価	0.000
計	0.000
期末商品棚卸高（▲）	0.000　0.000
売上総利益	0.000
販売費及び一般管理費	
役員報酬	0.[③]
給料手当	0.[④]
法定福利費	0.000
福利厚生費	0.000
旅費交通費	0.[⑤]
広告宣伝・販売促進費	0.000
支払手数料	0.[⑥]
消耗品費	0.000
修繕費	0.[⑦]
減価償却費	0.000
雑費	0.000　0.000
営業利益	0.000
営業外収益	
受取利息	0.000
……	0.000
雑収入	0.[⑧]
営業外費用	
支払利息	0.000
……	0.000
雑損失	0.000　0.000
経常利益	0.000
特別利益	0.000
特別損失	[⑨]
税引き前当期純利益	0.000
法人税・住民税・事業税	0
法人税等調整額	0.000
当期純利益	0.000

［①］

出所：中小企業診断協会『中小企業経営革新計画・実践支援マニュアル報告書』を参考に筆者作成

⑨　修繕費の中に，資産として計上すべきものがないかをチェックする。

⑩　減価償却費の計上漏れがないかをチェックする。

⑪　仕入に関わるリベートが営業外収益に含まれていないかをチェックする。含まれていたら売上原価に組み替える。

⑫　個別の経費が，適切な経費科目に計上されているかをチェックし，間違いは修正する。

キャッシュフロー (C/F) の分析

(1) C/Fから戦略パターンを読み取る

　C/Fは事実を表すといわれている。それ自体が実態を表すと考え、そこから戦略の方向性を把握する。C/Fは営業C/F、投資C/F、財務C/Fで構成される。それぞれがプラスかマイナスかの組み合わせで8つのパターンに分類でき、現在の経営状況や方向性を確認できる。将来目指すパターンを決め、そこに向けた中間パターンを想定し、定期的に確認して着実に経営革新計画を実行していく。8つのパターンの表す経営状況を図表4-3で説明する。

図表4-3　キャッシュフローの経営状況パターン

パターン	営業CF	投資CF	財務CF	現在の経営状況・確認ポイント・アクション
A	＋	＋	＋	営業・投資・財務のすべてで現金が積みあがっている。将来の大型投資の準備中なのかを確認する。そうでない場合、効率的な現金運用（借金返済の加速や積極的投資）の方策を検討する。
B	＋	＋	－	本業で生み出した現金や資産売却等により回収した現金を、借入金の返済に充当している。次の戦略に向けた準備かを確認する。
C	＋	－	＋	成長企業の一般的なパターン。本業で生み出した現金と新たに調達した資金を投資活動に振り向けている。本業と投資活動のバランス、調達資金と返済能力のバランスを確認する。
D	＋	－	－	本業で生み出した現金で、投資活動を行っている。また、借入金の返済を進めるなど健全経営に努めている。投資CFが営業CFと比べて過大でないかを確認する。
E	－	＋	＋	本業が現金を減少させている。借入金などによる資金調達で投資活動をしている。借入金残高と返済能力のバランスを確認する。本業により現金収入を得る方策を検討する。
F	－	＋	－	本業が現金を減少させている。固定資産・有価証券の売却などにより資金をねん出し、借入金返済などに充当している。投資活動の縮小や本業による現金収入増加策を検討する。
G	－	－	＋	本業が現金を減少させている。借入金等の資金調達により投資行動を行っている。借入金残高が返済可能なレベルか、投資活動による現金収入の増加が見込めるかを確認する。また、本業で現金収入を増加させる方策を検討する。
H	－	－	－	営業・投資・財務のすべての活動において現金が減少し、資金繰りが相当厳しい。資金繰り表などをチェックするとともに、資金繰り悪化の原因を早急に究明し対策を講じる。

財務指標による分析

(1) 5つの視点で財務指標を分析する

　労働生産性，成長性，安全性，収益性，効率性の5つの視点から財務指標による分析を行う。

　経営革新計画は，独創的な商品やビジネスモデルを開発することにより，利益を生もうとするものである。それは，コストダウンによって利益を増やすのではなく，新たな顧客提供価値を創造することによって利益を増やそうとするものである。そのためには，従業員の創造的な知恵をどんどん活用する必要がある。一方で，生産年齢人口は急減して人手不足が起こっている。

　そこで，労働生産性の指標や安全性指標の一つである従業員定着率を高め，一人当たりの生み出す利益を上げていくよう支援する。従業員の知恵が採用され働きがいを感じている企業は，利益率も高く採用の応募者も多い。

　成長性は，規模の成長にとどまらず，継続的に利益を積み上げて，究極の成長指標である自己資本成長率を高め，市場の大変動にも耐えられる企業になるよう支援する。継続的にチェックするべき主要な財務指標を図表4-4に挙げた。

図表4-4　主要財務指標

視点	指標項目	計算式	改善方法
労働生産性	限界利益労働生産性	限界利益÷平均従業員数	人材育成や組織活性化を推進し、人件費の水準を計画的に改定する。
	一人当たり人件費	人件費÷従業員数	差別化を図り高く売れる工夫をするとともに、生産システムや物流システムの導入や改善で生産性を改善する。
	限界利益労働分配率	人件費合計÷限界利益	商品開発を組織化し、取引先や研究機関と連携する。優秀な人材が採用できる、魅力的な会社づくりに努める。
成長性	過去3ヵ年売上高増加率	（前期売上高÷前々期売上高＋今期売上高÷前期売上高）÷2×100（％）	規模の成長指標。成長分野へ進出するとともに、既存事業のシェアアップを図る。
	過去3ヵ年限界利益成長率	（前期限界利益÷前々期限界利益＋今期限界利益÷前期限界利益）÷2×100（％）	質の成長指標。長期的な事業の再構築、商品開発活動の強化を図る。
	過去3ヵ年自己資本成長率	（前期自己資本÷前々期自己資本＋今期自己資本÷前期自己資本）÷2×100（％）	究極の成長指標。収益性を改善したうえで内部留保の増強を推進する。
安全性	自己資本比率	自己資本÷総資本×100（％）	国・県・市の長期低金利資金を導入したり、運転資金を短期借入金から長期借入金に切り替える。
	流動比率	流動資産÷流動負債×100（％）	配当政策を見直し、内部留保を厚くしたり、社員持ち株会を設立して増資をしたり、定期預金と借入金のバランスを見直す。
収益性	従業員定着率	（1－期中離職者数÷平均従業員数）×100（％）	作業環境の改善、成長を促す教育制度の充実、当事者意識を高める人事制度を構築する。
	総資本経常利益率	経常利益÷総資本×100（％）	資本回転率と売上高利益率を高める。
	売上高営業利益率	営業利益÷売上高×100（％）	販売促進策の実施、値引きや返品の削減、利益率の高い商品やチャネルの比率を上げる。原価や経費の内容を精査する。
	経営安全率	100％－損益分岐点比率（％）	組織的販売力強化、変動費の内容吟味、限界利益率の高い商品を増やす、固定費を削減する。
効率性	買入債務回転期間対売上債権回転期間	売上債権回転期間÷買入債務回転期間	売上債権回収管理を強化し、回収促進する。支払条件が著しく短い仕入先と緩和交渉する。適正在庫管理を徹底する。
	投資回収年月	（固定資産＋繰延資産）÷（税引き後当期利益＋減価償却費－自己金融）（年月）	収益性を改善する。不要不急の固定資産を処分する。
	総資本回転率	売上高÷期首・期末平均資本（回）	稼働率の低い固定資産を多く使う製品の販売促進をする。不要不急の資産を売却する。

第 **5** 章

経営革新計画における
承認申請書の書き方

経営革新計画申請の概要

(1) 計画書の作成から承認までの流れ

　経営革新計画申請書の作成から承認までの流れは図表5-1のようになる。申請書の提出から受理されるまでは複数回修正するのがほとんどである。修正は記入漏れや間違いなどのほかに，計画の説明が不十分である場合も対象となる。修正が完了するまで申請書は受理されない。

(2) 経営革新計画の申請対象

① 中小企業等経営強化法第2条に規定する中小企業者であること

　中小企業等経営強化法第2条に規定する中小企業者とは，図表5-2の基準に該当する会社及び個人である。

　常時使用する従業員には，事業主，法人の役員，臨時の従業員は含まない。資本金基準と従業員基準は，いずれかに該当すれば申請対象となる。たとえば卸売業なら資本金1億円以下か従業員100人以下，どちらかの基準に該当する会社であれば経営革新計画を申請できる。

② 直近1年以上の営業実績があり，この期間に決算を行っていること

　税務署に申告済みであることが必要になる。創業の場合には創業後1年以上の営業実績がなければならない。

(3) 経営革新計画の要件

① 新事業活動に取り組む計画であること

　新事業活動とは，図表5-3にある4つの新たな取組みのことである。

　新事業活動は，個々の中小企業者にとって新たな事業活動であれば，すでに他社において採用されている技術・方式を活用する場合でも原則として承認の対象になる。ただし，業種ごとに同業の中小企業，地域性の高いものについて

図表5-1　経営革新計画申請の流れ

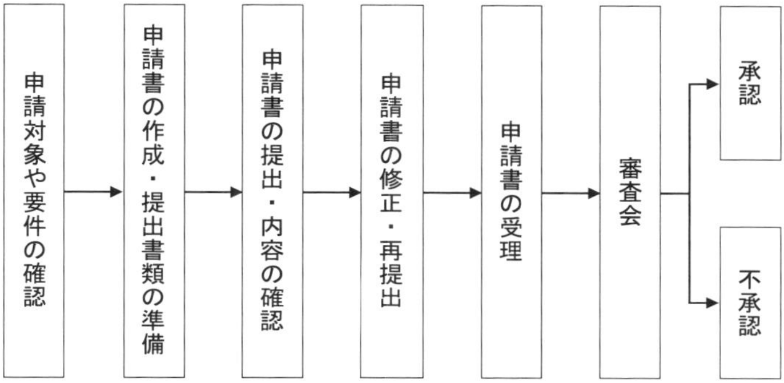

申請対象や要件の確認 → 申請書の作成・提出書類の準備 → 申請書の提出・内容の確認 → 申請書の修正・再提出 → 申請書の受理 → 審査会 → 承認／不承認

出所：東京都産業労働局「経営革新計画申請について」

図表5-2　経営革新計画申請対象となる中小企業者

主たる事業を営んでいる業種	資本金基準 （資本金の額または出資金の総額）	従業員基準 （常時使用する従業員の数）
製造業、建設業、運輸業その他の業種（下記以外）	3億円以下	300人以下
ゴム製品製造業（自動車または航空機用タイヤ及びチューブ製造業並びに工業用ベルトを除く。）	3億円以下	900人以下
卸売業	1億円以下	100人以下
サービス業（下記以外）	5,000万円以下	100人以下
ソフトウェア業または情報処理サービス業	3億円以下	300人以下
旅館業	5,000万円以下	200人以下
小売業（飲食業含む）	5,000万円以下	50人以下

出所：東京都産業労働局「経営革新計画申請について」

は同一地域における同業他社の当該技術・方式の導入状況を判断し，それぞれについて，すでに相当程度普及している技術・方式等の導入については承認の対象外になる。

　また，単に生産力増強のための工場の拡張や設備の更新・増強，営業店舗の増設，取扱品目を増やすなどの場合には新事業活動に該当しない。それらに加え，新たな生産・販売方法の導入，生産の効率化や新たな販路の開拓などに取り組む必要がある。

図表5-3　新事業活動の４類型

	新たな取り組み	新たな取り組みの例
1	新商品の開発または生産	業務用の大型で強力な空気清浄機を製造していた企業がきれいな空気に対するニーズの高まりを受けて、小型化に挑戦し、一般家庭用の小型で強力な空気清浄機を開発する。
2	新役務の開発または提供	美容室が高齢者や身体の不自由な方等、自分で美容院に行くことが困難な方のために、美容設備一式を搭載した車で美容師が出張し、カットやブローの基本コースからヘアメイクや着付け等のサービスを行う。
3	商品の新たな生産または販売の方式の導入	金属加工業者が、金属熱加工製品の開発に伴う、実験データを蓄積することにより、コンピューターを利用して、熱加工による変化を予測できるシステムを構築する。それにより、実験回数を減らし、新商品開発の迅速化とコスト削減を図る。
4	役務の新たな提供の方式の導入その他の新たな事業活動	タクシー会社が、乗務員に介護ヘルパーや介護福祉士の資格を取得させ、病院や介護施設への送迎などのタクシー利用者を獲得し、高齢者向け移送サービスで介護サービス事業へ進出して多角化を図る。

出所：東京都産業労働局「経営革新計画申請について」

② 経営の相当程度の向上を達成できる計画であること

経営の相当程度の向上とは，図表5-4にある２つの指標が，３年から５年の計画期間終了時において，それぞれに応じた目標伸び率を達成することをいう。目標値の設定は，達成するための努力を促進する意味がある。

図表5-4　経営の相当程度の向上を表す指標

計画期間	指標1 「付加価値額」または「一人当たりの付加価値額」の目標伸び率	指標2 「経常利益の目標伸び率」
3年計画	9%以上	3%以上
4年計画	12%以上	4%以上
5年計画	15%以上	5%以上

出所：東京都産業労働局「経営革新計画申請について」

計画期間は３年，４年，５年のいずれかを選択する。目標伸び率は達成可能な実現性の高い内容が求められる。ここで付加価値額は，

付加価値額＝営業利益＋人件費＋減価償却費

である。人件費は雇用を意味し，減価償却費は設備投資を意味している。すなわち，付加価値額を上げるためには，企業が利益を上げるだけでなく，雇用を増やすこと，設備投資を増やすことをしなければならない。雇用や投資は企業活動の源である。したがって，付加価値額により企業活動の全体像を把握し，生み出した価値を総合的に判断する。

人件費は以下のものをすべて含んだ総額である。

- 売上原価に含まれる労務費
- 一般管理費に含まれる役員給与，従業員給与，賞与および賞与引当金繰入，福利厚生費，法定福利費，退職金および退職給与引当金繰入
- 派遣労働者，短時間労働者の給与を外注費で処理した場合のその費用

減価償却費は，売上原価と一般管理費に含まれる減価償却費，リース料，レンタル費用，繰延資産償却額をすべて含んだ総額である。リース料には地代家賃以外の賃借料も含める。

一人当たりの付加価値額は，

一人当たり付加価値額＝付加価値額／従業員数

である。従業員数には，正社員に準じた労働形態は従業員数に含める。その場合，勤務時間により人数を調整する。派遣労働者や短時間労働者にかかる経費を人件費に算入した場合は，従業員数にも加える。常勤役員および個人事業主も従業員数に含める。

経常利益は，

経常利益＝営業利益－営業外費用（支払利息，新株発行費等）

である。経営革新計画の経常利益は，通常の会計原則とは異なり，営業外収益を含まない。企業の資金調達と関係する支払利息や新株発行費などの営業外費用は含む一方で，本業と関係性の希薄な有価証券売却益や賃料収入などの営業

外収益は含まない。ただし、経営の実情に合わせ、営業外収益を考慮に入れてもよい。

伸び率の計算方法は、

$$計画終了時の伸び率（\%）＝\frac{（計画終了時の数値－現状の数値）}{現状の数値}×100$$

である。現状の数値がマイナスの場合には分母は絶対値で計算する。また、伸び率は小数点以下第2位を四捨五入する。

(4) 審査のポイント

経営革新計画の審査にあたっては、以下のことが具体的に記載されている必要がある。

① 新規性があること
- 既存事業と比較して、どこが新しいのか。
- 他社と比較して何が違うのか。

② 実現性があること
- いつ、どこで、何を、どのように取り組むのか。
- 人、モノ、金、情報などの経営資源が手当てされているか。
- 仕入先、販売先、顧客ニーズを把握し、売上計画を立案しているか。

経営革新計画申請書の書き方

(1) 申請に必要な書類

経営革新計画の申請に必要な書類は基本的に図表5-5にあるものである。複

図表5-5　経営革新計画申請に必要な書類

	申請書類	部数
1	様式第9（変更の場合は、様式第10）、別表1〜7の正本	1部
2	1の写し	1部
3	中小企業者（または組合等）の定款	1部
4	中小企業者（または組合等）の最近2期間の事業報告書、貸借対照表、損益計算書（これらが無い場合、最近1年間の事業内容の概要を記載した書類）	1部

出所：中小企業庁「今すぐやる経営革新」

数の中小企業者や組合などが共同で申請する場合には，参加するすべての中小企業者が個別に書類を用意し，提出しなければならない。

　申請書類は都道府県によって独自の様式が存在する場合もある。そのため，申請する都道府県に提出書類を確認する必要がある。ここでは，東京都の申請書類を例とする。各申請書類は関連する項目の数値や記述の内容を一致させ，全体として整合性のあるものにする。

（2）（別表1）経営革新計画の書き方

　別表1は，主に経営革新計画の概要を記載する。申請者名や計画の実施体制のほか，経営革新計画の要件である新事業活動に取り組む計画であること，経営の相当程度の向上を達成できる計画であることを満たしているかなどを記載する。

① 申請者名・資本金・業種

　業種については，日本標準産業分類にある細分類名と4桁の数字を記入する。他の道府県では小分類を記入する場合もあるため確認が必要である。

② 実施体制及び連携先

　社内の誰が，どのような体制で取り組むのか，責任者やメンバーを記載する。また，他の企業や大学，研究機関などと連携して取り組む場合には連携先

第5章　経営革新計画における承認申請書の書き方　111

図表5-6　経営革新計画承認申請書様式（別表1）経営革新計画

①申請者名・資本金・業種	②実施体制及び連携先
申請社名： 代表者職氏名： 資本金： 業種：	

③新事業活動の類型	④経営革新の目標
計画の対象となる類型全てに丸印を付ける。	経営革新計画のテーマ：_____

1．新商品の開発又は生産	
2．新役務の開発又は提供	
3．商品の新たな生産又は販売の方式の導入	
4．役務の新たな提供の方式の導入 　　その他の新たな事業活動	

⑤経営革新の内容及び既存事業との相違点

⑥経営の向上の程度を示す指標	現　状（千円）	計画終了時の目標伸び率（計画期間）（％）
1	付加価値額	千円	千円　　　　　　　　　　　　　　　　％ （平成　年 月～　年 月（　年計画））
2	一人当たりの付加価値額	千円	千円　　　　　　　％
3	経常利益	千円	千円　　　　　　　％

出所：東京都産業労働局　承認申請書様式

や連携内容を記載する。外国関係法人と共同で取り組む場合も記載する。

③ 新事業活動の類型
該当する分類に丸印を付ける。複数の類型の選択も可能である。

④ 経営革新の目標
経営革新計画のテーマと取組内容を記載する。テーマは取組みの内容を30字程度で簡潔に，体言止めでまとめる。

取組内容は自社名や製品・サービスの名前は入れない。また，世界一や日本初など客観性の低い言葉も使用を避ける。新規性があることをイメージさせる表現を用いて，どのように取り組むか，ポイントを記述する。

⑤ 経営革新の内容及び既存事業との相違点
既存事業と経営革新計画で取り組む事業に分けて書く。経営革新の内容は新事業活動の類型に合わせ，具体的にその必要性も踏まえて記述する。

⑥ 経営の向上の程度を示す指標
付加価値額，一人当たり付加価値額，経常利益の数値について，現状の欄は決算の時点ではなく，税務申告済みの直近期末時点の数値を記載する。

計画終了時の目標伸び率の欄は，東京都では伸び率のほか，計画終了時の数値も記載する。計画期間は直近決算の決算月の翌月から終了期の決算月とする。他の地方では異なる場合もあるため確認する。

(3)（別表1-2）経営革新計画の具体的内容の書き方
東京都で申請する場合には，経営革新計画の具体的内容を別表1-2に記載し提出する。指定の様式はない。A4タテで左上に「（別表1-2）経営革新の具体的内容」と記載する。他の地方においても，経営革新計画の具体的な内容について書類を作成する場合があるが，記載する内容はだいたい共通している。

第5章　経営革新計画における承認申請書の書き方　　113

具体的内容は，審査のポイントとなる新規性や実現性があることを詳細に記載する。定量的表現のほか図表や写真，イラストなども用いて明確にわかりやすく説明する。また，専門用語や略語は正式名称と説明を併記する。以下の項目について，つながりのある一つのストーリーとなるように記述する。

① 当社の現状（既存事業の内容）

企業概要や事業内容，取引先などを記載する。必要であれば業許可も記載する。計画に実現性があることをアピールするため，SWOT分析により得られた自社の強みやコアコンピタンス，保有するノウハウを明確にする。また，既存事業の問題点や今後の見通しなどを記載し，新規事業の必要性を明確にする。

② 本計画を作成するに至った「きっかけ」と経緯

社会情勢や市場の状況，顧客ニーズなど自社を取り巻く環境の変化をどのように認識し，そこに自社の強みやコアコンピタンスのどんな点をどう活かせるのか，新事業計画立案に至る経緯について記載する。

③ 新事業の内容「自社にとって何が新たな取組みであるのか」

新事業のターゲットになる顧客や価格のほか，取組みの状況や課題と解決策，必要な資金の調達などについて，具体的な例とともに内容や成功要因を記載する。図面やカタログなどの資料があれば添付する。

また，既存事業と新規事業の違いや，他社の製品・サービスと比較して優位な点についても記載する。

④ 計画の実施「新事業をどのように実施するのか」

新事業の開発，生産，販売などについて，実施する項目とその具体的な内容を記載する。実施する項目は別表2の計画欄の実施項目と一致させる。

⑤ 計画を実施した結果（効果）はどのようになるのか

新事業を実施することにより，自社，顧客，社会にとって，どのような利益やメリット，期待効果があるのかを記載する。

(4)（別表2）実施計画と実績の書き方

経営革新計画は，立案しただけでは実効性に乏しい。そのため，実績を把握し，計画の進捗状況を評価して改善するPDCAサイクルを導入する。継続的なマネジメントにより，計画の実効性を高めることができる。

別表2では，新事業で実施する項目やマネジメント要件と，その評価基準や期待効果，KPI（業績評価指標）などの計画を明確にするとともに，実績を評価する。しかし，実績は申請する段階で記入する必要はなく，進捗に応じて記入する。

図表5-7　経営革新計画承認申請書様式（別表2）実施計画と実績

①番号	計　　画				実　　績		
	②実施項目	③評価基準	④評価頻度	⑤実施時期	実施状況	効果	対策

出所：東京都産業労働局　承認申請書様式

① 番号
1，2，1-1，1-2，2-1，2-2のように実施項目を関連づける。

② 実施項目
具体的な内容を記述する。

③ 評価基準
なるべく定量化した基準にする。しかし，定性的な基準でもよい。

第5章　経営革新計画における承認申請書の書き方　**115**

④ 評価頻度

計画の進捗状況を評価する頻度または時期を記載する。

⑤ 実施時期

実施項目を開始する時期を四半期単位で記載する。

(5)（別表3）経営計画及び資金計画の書き方

　直近3年間の経営実績と計画期間に応じた計画値を記載する。経営実績は税務申告済みの決算書をもとにする。計画値は新規事業と既存事業の合計である。付加価値額，一人当たり付加価値額，経常利益は経営の向上の程度を示す指標の計算方法により算出する。設備投資額，運転資金，資金調達額は計画値のみ記載する。

(6)（別表3-2）中期経営計画（3〜5年）及び資金計画の算出根拠資料の書き方

　東京都では別表3-2として，別表3の数値に基づき，既存事業と新規事業の内訳と新規事業の売上高計画の内訳を，計画期間に応じて記載する。

　新規事業の売上高計画の内訳は，以下の項目について記載する。

① 計画値内訳

新規事業により売上増となる積算根拠を計画期間の各年について記載する。

② 設定数値根拠

単価と販売量について設定した根拠を，自社の旧型製品や他社の類似製品との比較，調査などから具体的に記載する。

③ 新規事業の市場規模

市場規模や競合他社の参入状況の分析から，ターゲットとなる顧客と市場の

図表5-8　経営革新計画承認申請書様式（別表3）経営計画及び資金計画

(単位　千円)

		2年前 （　年　月期）	1年前 （　年　月期）	直近期末 （　年　月期）	1年後 （　年　月期）	2年後 （　年　月期）	3年後 （　年　月期）	4年後 （　年　月期）	5年後 （　年　月期）
①売上高									
②売上原価									
③売上総利益 （①－②）									
④販売費及び 　一般管理費									
⑤営業利益									
⑥営業外費用									
⑦経常利益 （⑤－⑥）									
⑧人件費									
⑨設備投資額		－	－	－					
⑩運転資金		－	－	－					
	普通償却額								
	特別償却額								
⑪減価償却額									
⑫付加価値額 （⑤＋⑧＋⑪）									
⑬従業員数									
⑭一人当たりの付 加価値額（⑫÷⑬）									
⑮資金調達額（⑨＋⑩）	政府系金融 機関借入	－	－	－					
	民間金融機 関借入	－	－	－					
	自己資金	－	－	－					
	その他	－	－	－					
	合計	－	－	－					

出所：東京都産業労働局　承認申請書様式

見通し，目標獲得シェアを具体的に記載する。

(7)（別表4）設備投資計画及び運転資金計画の書き方

　経営革新計画に関係する新規事業に必要な設備投資と運転資金のみを記載

し，既存事業の分は含めない。設備投資は機械装置だけでなく，器具備品や土地，建物などについても記載する。運転資金は企業の実情に応じて継続している方法で算出する。

 ## 経営革新計画承認のメリット

(1) 支援策を受ける際の注意点

経営革新計画の承認を受けると，中小企業等経営強化法に基づくさまざまな支援策を受けることができる。支援策には各都道府県で異なる点もあるため，確認が必要である。ただし，計画の承認は，支援策の利用を保証するものではない。支援策を受けるには承認後，各種支援機関などにおける申請と審査が別途必要である。そのため，支援策を実施する機関と相談しながら計画申請を進めることも考慮する。

(2) 株式会社日本政策金融公庫による低利融資制度

経営革新計画に基づく事業の設備資金と運転資金について，新事業活動促進資金として，金利面などで優遇する制度である。小規模事業者が対象の国民生活事業と中小企業が対象の中小企業事業で支援内容が異なる。担保および保証人特例は事業ごとに異なり，担保設定の有無，担保の種類などについては，日本政策金融公庫と相談のうえ，決定される。

図表5-9　日本政策金融公庫による低利融資制度の支援内容

	中小企業事業	国民生活事業 （小規模事業者）
貸付限度額	設備投資　7億2,000万円 （うち運転資金　2億5,000万円）	設備投資　7,200万円 （うち運転資金　4,800万円）
貸付利率	2億7千万円まで特別利率② （土地に係る資金を除く） 2億7千万円超　基準利率	特別利率B （土地取得資金は基準利率）
設備資金の貸付期間	20年以内（うち据置2年以内）	
運転資金の貸付期間	7年以内（うち据置2年以内）	

(3) 中小企業信用保険法の特例

　経営革新計画に基づく事業に必要な資金について金融機関から融資を受ける際，信用保証協会が債務保証をする制度である。普通保証等の別枠設定と新事業開拓保証の限度額引き上げという特例措置がある。ただし，他の支援策による別枠を利用している場合，利用可能な枠が制限される可能性もある。

① 普通保証等の別枠設定

　経営革新計画の承認事業を実施するために，金融機関から借り入れる資金について，通常の保証限度額と同額の別枠が設けられている。特別小口保証は従業員20人以下（商業・サービス業の場合は50人以下）の小規模企業者が対象になる。

図表5-10　普通保証等の別枠設定の内容

	通常	別枠
普通保証（有担保・有保証人）	2億円 （組合は4億円）	2億円 （組合は4億円）
無担保保証（無担保・有保証人） （うち特別小口保証）	8,000万円 （1,250万円）	8,000万円 （1,250万円）

② 新事業開拓保証の限度額引き上げ

　経営革新計画の承認を受けた事業の実施のために必要な資金のうち，新事業開拓保証の対象となる研究開発費用について，限度額が通常2億円以内から3億円以内，組合の場合は4億円以内から6億円以内に引き上げられる。

(4) 中小企業投資育成株式会社法の特例

　中小企業投資育成株式会社は，中小企業の自己資本を充実するため，投資等の事業を行うことを目的に，法律により設立された株式会社である。

　事業の対象となるのは法律で資本金が3億円以下の株式会社と定められているが，経営革新計画の承認を受けた中小企業は資本金が3億円を超えていても対象になる。

図表5-11　中小企業投資育成株式会社法の特例の支援内容

投資の内容	育成事業 （コンサルテーション事業）
・会社の設立に際し発行される株式の引受け ・増資株式の引受け ・新株予約権の引受け ・新株予約権付社債等の引受け	株式、新株予約権または新株予約権付社債を引き受けている投資先企業からの依頼により、各種個別経営相談を実施

(5) 起業支援ファンドからの投資

　起業支援ファンドは，ベンチャー企業への投資の円滑化を目的として，民間のベンチャーキャピタルなどが運営するベンチャーファンド（投資事業有限責任組合）へ中小企業基盤整備機構が出資をする。当該ファンドが投資を行い，資金面および経営面から支援する。経営革新計画の承認を受けた設立5年未満の中小企業者が投資の対象になる。支援内容は以下のものである。

① 資金面での支援

　株式や新株予約権付社債等の取得による資金提供。

② 経営面での支援

　無限責任組合員による経営面のハンズオン支援及び中小機構からの各種支援等により，企業の成長発展を支援。

(6) 特許関係料金減免制度

　経営革新計画の承認を受けた，技術に関する研究開発事業の成果について，特許出願をする研究開発型中小企業（経営革新計画開始から計画終了後2年以内に出願されたものに限る）が対象である。

　支援内容は，審査請求料と登録の際に支払う特許料（第1年～第10年分）が半額に軽減される。ただし，すでに納付している料金について還付はない。

（7）海外展開事業者への支援制度

① スタンドバイ・クレジット制度

　スタンドバイ・クレジットは，債務の保証と同様の目的のために発行される信用状である。経営革新計画の承認を受けた中小企業者の海外現地子会社が，現地の金融機関から現地流通通貨で，設備資金および運転資金の融資を受ける場合に，日本政策金融公庫が信用状を発行し，資金調達を円滑にする。補償限度額は4億5,000万円で，融資期間は1年以上5年以内である。

② 中小企業信用保険法の特例

　経営革新計画の承認を受けた国内の中小企業者が，海外での子会社設立など直接投資により事業を行うために，国内の金融機関から融資を受ける際，信用保証協会の保証限度額を引き上げ，資金調達を支援する制度である。

　支援内容は通常の2億円以内から3億円以内，組合の場合は4億円以内から6億円以内に引き上げられる。

（8）各都道府県の支援制度

　中小企業等経営強化法に基づく支援のほか，各都道府県にも独自の支援制度がある。たとえば，東京都では独自の融資制度や，計画開始から1～2年目と計画最終年の企業に対して中小企業診断士を派遣し，フォローアップする制度がある。また，終了までの期間が1年未満の企業を対象に，計画の実現状況，実現までの創意工夫，経営指標などを審査し，顕著な成果を挙げた企業を経営革新優秀賞として表彰する制度がある。

第 **6** 章

経営革新計画の実践支援

経営革新の実践支援

(1) 経営革新実践支援で実現すべきこと

　経営革新計画の実践支援の基本は，経営課題を全社的に共有したうえで，具体性のある経営革新の実行計画を策定すること。そして，定量面だけでなく定性面も捉えて，経営革新計画の実行状況をモニタリングすることである。

　中小企業診断士は，経営革新計画申請の支援だけでなく，経営革新計画の実践段階においても，その目標実現を支援する必要がある。

(2) 経営革新計画実践支援のポイント

　経営革新計画の実践支援には，①具体性のある経営革新の実行計画策定支援，②定量面・定性面を捉えた経営革新計画実行状況のモニタリング支援がある。特に，経営資源の乏しい中小企業においては，②のモニタリング支援が重要となる。

　中小企業診断士は，実行計画策定支援，モニタリング支援のいずれにおいても，支援先企業の経営層と次のような点で認識を共有する必要がある。

① 社内で危機感を共有することの必要性

　中小企業の経営環境は常に変化している。その中で事業を継続していくためには，社内での危機感の共有が必要である。

② 経営革新計画の活動範囲は企業内活動全般に及ぶ

　経営革新計画の活動範囲は，新商品・サービスの開発，新たな生産・提供方式の導入，販路の開拓だけではない。それらを実現するためには，経営管理の強化，業務プロセスの見直し，従業員のスキルアップ，ITの活用などが必要であり，活動範囲は企業内活動の全般に及ぶ。

③ 財務体質見直しの必要性

経営の革新には，経営資源の集中が必要である。そのため，設備や資金の投資状況などを見直し，利益を生まない資産は処分を検討する。

④ 経営革新計画の実現は全社一丸の活動が必要

経営革新計画の実現には，計画策定段階から，全社一丸の気運を醸成することが必要である。そのためには，経営者がプロジェクトオーナーとなり，全社的にメンバーを集めることが効果的である。

中小企業の従業員は，プロジェクト活動の経験が十分でないことが考えられる。そのような場合は，中小企業診断士がプロジェクトチーム立ち上げを支援することが有効である。

⑤ 企業の成熟度に適した実行計画が必要

中小企業は人材が限られるため，すべての従業員が高度なオペレーションに対応できるわけではない。企業の組織と人材の成熟度に適した，実行計画の策定が必要である。

⑥ 経営理念，経営ビジョンの全社への浸透が重要

今日の企業は，利潤を追求しているだけでは社会に認められない。ゴーイング・コンサーンとなるためには，社会と共有できる価値，企業理念が不可欠である。また，企業理念が全社に浸透することで，社会が認める価値を企業活動により生み出すことにつながる。

企業理念が価値観の共有で抽象的であるのに対し，経営ビジョンは具体的な将来像である。経営ビジョンが全社に浸透することで，ベクトルが同じ方向を向き，効率的な組織活動を可能とする。

⑦ 成果の見える化と全社共有が重要

経営革新計画の実践段階においては，成果の見える化と全社共有が重要であ

第6章　経営革新計画の実践支援　125

る。成果を全社で共有することで，経営革新計画に直接的に関与していない従業員の関心も高まり，経営革新計画の取組みが全社的なものとなる。

　成果の測定に関しては，定量面だけでなく，定性面も対象とする。定性面を直接的に測定できない場合，代替的指標をKPI（業績評価指標）として定める方法をとる。

⑧ モニタリングでPDCAサイクルを回すことが必要

　経営革新計画の実践段階では，PDCAサイクルでモニタリングを行うことが必要である。中小企業は，PDCAサイクルでの管理が定着していない場合も多い。経営革新計画実践の初期段階では，中小企業診断士がファシリテーターとなりモニタリングを行い，組織内でのPDCAサイクルの定着を支援することが望ましい。

(3) 経営革新計画実践と組織風土改革の連動

　経営革新を実現するためには，実行計画策定とモニタリングに加え，組織風土の改革も重要となる。

　経営革新を志す企業は，創業後ある程度の年数を経過していることが多い。経験を積んできた企業は，従来どおりの仕事のやり方が踏襲されがちで，新商品・サービスを開発するだけでは，経営の革新に到達することは難しい。従来のビジネスプロセスを改革し，組織に新しい価値観をもたらす改革にまで踏み込むことが重要である。そのポイントは次のとおりである。

① 経営者のリーダーシップ発揮

　経営革新計画を全社的に推進するためには，経営者のリーダーシップが不可欠である。この場合のリーダーシップは，経営革新計画プロジェクトチームの活動に対し，経営者が深くコミットすることである。

　経営者の後ろ盾を得ることで，経営革新プロジェクトチーム内に，従来の枠を打ち破ることへの抵抗が弱まる。

126

② 行動の承認と評価

　経営革新計画実践の成果の見える化については先に述べたが，その成果をもたらした行動を承認し，評価することも重要である。従来の枠にとらわれない行動が評価される影響が組織内で広まることで，次の新しい行動をもたらし，組織風土の改革へとつながる。

(4) 経営革新計画実践における支援活動の範囲

　中小企業診断士が経営革新計画実践を支援する場合，支援活動の範囲とレベルの設定が重要である。

　経営革新計画は，3年から5年の事業計画である。支援先企業の要素整備度は，当初は低く，年を経るごとに高まっていく。経営革新計画実践を支援する中小企業診断士は，企業の要素整備度を適切に把握し，支援の範囲を変えていくアプローチが求められる。

　経営革新計画の開始直後は，企業の要素整備度が低いことを予想し，支援の範囲を広くとる。企業の要素整備度が高まるにつれ，支援の範囲を狭めていくのだ。

　また，経営革新計画の実行責任は，あくまでも企業にある。支援者は，企業に求められることすべてに対応するのではなく，企業の要素整備度を高めるにはどうすべきかという観点で，支援の範囲を設定する姿勢も求められる。

経営革新計画実践のモニタリングとその支援

(1) 経営革新計画のモニタリング対象の設定

　経営革新計画の実践段階では，PDCAサイクルを回したモニタリングが重要であることはすでに述べた。モニタリングの対象は経営計画の数値目標だけでなく，経営計画をブレイクダウンした際の作業レベルの目標達成度まで含む。

また，経営革新計画達成へ向けた，全社員の協力度も捉えておく必要がある。経営革新計画実践に関する情報が，全社員で共有され，全社員の積極的参加を醸成しているか，などのモニタリングも重要な観点である。

　モニタリングする目標値は，社員の日頃の活動と結びついていることが望ましい。また，モニタリング方針は社内に周知する必要がある。モニタリングされていることを知った社員のモチベーションアップが期待できるからである。

　経営革新計画の進行に従い，企業の要素整備度も高まっていく。モニタリングでは，この要素整備の成長も捉えることで，経営革新の定着度合いを判断できる。

(2) 総括表などによる通常のモニタリング手法

　経営革新計画実践にあたっての，通常のモニタリング手法として，「経営革新計画実行のモニタリング総括表の例」（図表6-1）のような，管理資料を用いたものがある。最低，半期に1度はモニタリングの実施が望ましい。

① 売上・損益状況のモニタリング

　損益計算書による全体分析で，売上高，売上総利益，営業利益，経常利益の計画と実績の対比を捉える。製造原価および製造原価率，販売費・一般管理費および販売費・一般管理費率，営業利益および営業利益率，経常利益および経常利益率を把握し，計画の達成度合いと今後の見込みを把握する。

② 経営革新テーマの実行状況

　経営革新計画に掲げたテーマの実施状況を把握する。目標達成の障害となる諸条件があれば，その対策を検討し，今後の活動へつなげる。

③ コミュニケーションと全社的活動活発化の状況

　会議体，公式コミュニケーションの活動状況から，全社的な活動の活発度合いを把握する。経営革新計画を実現するために，コミュニケーションと全社的

図表6-1　経営革新計画実行のモニタリング総括表の例

経営革新計画実行のモニタリング総括表

①損益状況

	2017 (H29) 年度	2018 (H30) 年度	2019 (H31) 年度	2020 (H32) 年度	2021 (H33) 年度
売　　上　　高					
売　上　原　価					
売　上　総　利　益					
販売費及び一般管理費					
販　管　費　率					
営　業　利　益					
営　業　利　益　率					
営　業　外　収　益					
営　業　外　費　用					
経　常　利　益					
経　常　利　益　率					
特　別　利　益					
特　別　損　失					
税 引 前 当 期 利 益					
税 引 前 当 期 利 益率					
税 引 後 当 期 利 益					
税 引 後 当 期 利 益率					

②経営革新テーマの実行状況

1．新商品の開発・販売状況

2．新販路開拓活動状況

3．製造原価削減活動状況

4．販売費・一般管理費の削減活動状況

5．新規情報システムの導入および活用の状況

③コミュニケーションと全社的活動活発化の状況

④今後の活動のポイント

活動が不足している場合は，その対策を検討し，今後の活動へつなげる。

④ 今後の活動のポイント

モニタリングにおいて明らかになった問題点の対策に加え，追加実施項目，今後の活動方針などを，優先度や実施時期を踏まえて整理する。

(3) 深掘りしたモニタリング手法

深掘りしたモニタリングとは，計画した項目が実施されていること，それが商品・サービスの開発につながっていること，さらにそれが売上増につながっていること，などを確認していく手法である。情報システムから各種の推移データを取得し，必要に応じてExcelなどでより詳細なデータを作成しながらモニタリングしていく。

特に重要なのは，商品・サービス開発計画，販路開拓計画，業務プロセス革新計画などの目標を達成するための仕組みづくりと実施状況を，上記データと対比させてモニタリングを行うことである。それにより，具体的なレベルでの達成状況を把握するとともに，必要があれば活動の改善対策を立案し，実行へ移していくためのフォローを行う。

① 商品開発，販路開拓等の深掘りしたモニタリング

商品開発，販路開拓等のモニタリングは，計画の進捗把握と，問題がある場合の早期対策の立案・実施のためにも必要な活動である（図表6-2参照）。適切なタイミングと内容で実態を把握することにより，より早期の対応が可能となる。

② 経営管理・業務プロセス革新の深掘りしたモニタリング

経営管理・業務プロセスの革新は，企業発展の可能性を高めるものである。経営管理・業務プロセスの革新を実施することによって，売上向上，原価削減を実現し，利益が上がる体質となる。図表6-3は，販売管理費および製造原価

図表6-2　深掘りした経営革新のモニタリングの例（定期的モニタリング）

◇開発・開拓段階でのモニタリング

計画項目	確認項目	計画と実績						
		年　月	年　月	年　月	年　月	年　月	年　月	半期計
1.商品開発と販売	開発計画 開発費計画 開発方法							
	開発実績 開発費実績 開発での問題							
2.新サービスの開発と提供	開発完了時期 開発費 開発方法							
	開発完了実績 開発費実績 開発での問題							
3.新販路開拓と販売	開発完了時期 開発費 開発方法							
	開発完了実績 開発費実績 開発での問題							

◇販売段階での予算・実績レベルでのモニタリング（新商品開発を例にとって）

1.新商品実績	2018 (H30)年度 上期目標	2018 (H30)年度 上期実績	2018 (H30)年度 下期目標	2018 (H30)年度 下期実績	2019 (H31)年度 上期目標	2019 (H31)年度 上期実績	2019 (H31)年度 下期目標	2019 (H31)年度 下期実績
新商品売上高								
売上原価								
売上総利益								
売上総利益率								
販売費及び一般管理費								
販管費率								
営業利益								
営業利益率								

◇販売段階での活動ベースでのモニタリング（新販路開拓を例にとって）

3.新販路開拓実績	2018 (H30)年度 上期計画		2018(H30)年度上期実績					
	月次 平均	上期計	4月	5月	6月	7月	8月	9月
新販路開拓								
売上原価								
売上総利益								
売上総利益率								
販売費及び一般管理費								
販管費率								
営業利益								
営業利益率								

図表6-3　深掘りした経営管理・業務プロセス革新実施状況のモニタリング例

削減対象項目	削減テーマ例 （具体的な実行案を別途作成）	2018 (H30)年度 上期 削減 計画	2018 (H30)年度 上期 削減 実績	2018 (H30)年度 下期 削減 計画	2018 (H30)年度 下期 削減 実績	2018 (H30)年度 削減 計画	2018 (H30)年度 削減 実績
販売費及び一般管理費の削減							
人件費							
役員報酬	不動役員の退任など						
その他人件費	販売、事務、物流の作業効率化と人員減						
販売経費							
地代家賃	本社・営業所等の地代・家賃の交渉による値引き						
広告宣伝費	展示会、ＨＰ、カタログ、会社案内、その他広告費の効果的活用への絞り込み						
諸会費	必須のものに絞り込み						
通信費	携帯電話の契約・使用方法の見直し、固定電話の見直し						
旅費・交通費	的確な管理による販売員旅費の削減						
車輌費	必要車輌数、種類の見直し、走行管理						
事務用品・備品費	備品・事務用品等の見直し						
水道光熱費	電気、水道の無駄排除						
物流経費	梱包方法、輸配送方法、倉庫費用、作業外注等の見直し						
販売費及び一般管理費削減額合計							
製造原価の削減							
原材料・部品費	発注価格管理、値引き交渉、2社購買など						
ユニット費・製品費	発注価格管理、値引き交渉、3社購買など						
人件費							
直接人件費	計画的作業、トラブル防止、作業効率向上、製品設計の見直しなどによる工数削減（人員、残業の削減）						
間接人件費	作業効率向上、無駄な作業の排除						

外注加工費	価格管理、作業内容管理による削減						
製造経費							
水道光熱費	省エネによる削減						
減価償却費	現状の製造設備の減価償却費の低減						
修繕費	（日頃の維持対応の向上による）建物、設備の修繕費低減						
賃借料	交渉による建物等の賃借料低減						
支払リース料	現状の情報システム（リース切れ）						
消耗品費	的確な管理と使用による削減						
旅費・日当	現地調整期間の短縮による削減						
	製造費削減額合計						
コスト増要素							
人件費							
賞与	業績向上による賞与アップの実施						
ベースアップや人員増	実績評価に基づく給与増、新規雇用による人件費増						
その他の経費							
旅設備投資	新商品の生産などの設備投資						
情報システム投資コスト	新情報システム導入によるリース料、保守料						
	コスト増合計						
	差し引き						

削減のための具体的項目の年度計画と実績のモニタリングの例である。

③ 経営管理・業務プロセス革新の実施状況が反映される数値

製造業を例にとれば，ベースとなるデータは以下のようになる。

a. 売上傾向分析

- 販売先別売上高の計画と実績推移のモニタリングと分析
- 取扱い製品別売上の計画と実績推移のモニタリングと分析

- 売掛金推移

b. コスト分析
- 製造費用の推移・原価率の推移
  製品別原価率と原価削減計画の達成状況（標準部品，外注加工部品，購入ユニット等の仕入コスト削減達成状況，設計，電気設計，組立・調整・試験などのコスト削減の達成状況）
- 販売管理費の推移，販売管理費率の推移
  販売費及び一般管理費（物流費含む）の費目別削減達成計画の達成状況
- 役員報酬の推移
- 従業員数と人件費の推移
  人事リストラや残業削減による人件費削減個別計画の達成状況

c. 在庫分析
- 棚卸資産の推移（製品，部品在庫）
- 在庫削減，不良在庫・長期滞留在庫の削減の目標達成状況

d. 生産能力分析とコスト削減
- 生産設備の状況
- 納期対応の状況
- 設備その他の固定費削減の個別実現状況

④ 月次の損益状況のモニタリング

　必要に応じて，月次の損益計画・実績を分析，把握する。短期的に改善が必要な点を洗い出すとともに，原価，販売管理費などの削減の進捗状況を，会社全体の動きとして捉える（図表6-4参照）。

⑤ 業務プロセス改善・改革のモニタリング

　業務プロセス改善・改革の進捗状況のモニタリングでは，次のような項目が考えられる。これらは，上記①〜④とも連動している。
- 納期遅れ，トラブル発生防止の仕組み確立と発生状況

図表6-4　深掘りしたモニタリング例①（月次損益把握の例）

科目名	2016(H28)年度実績 月次平均	2017(H29)年度実績 月次平均	2018(H30)年度上期実績								
			4月	5月	6月	7月	8月	9月	上期計画	上期実績
売　　上　　高										
期首製品棚卸高										
製　品　仕　入										
製　造　経　費										
期末製品棚卸高										
売　上　原　価										
売　上　総　利　益										
販管費（人件費）										
販管費（人件費以外）										
販　管　費　計										
営　業　利　益										
受取利息配当金										
他営業外収益										
営　業　外　収　益										
支払利息・割引料										
繰延資産償却										
他営業外費用										
営　業　外　費　用										
特　別　損　失										
資　産　処　分　損										
業　績　配　分　賞　与										
特　別　損　失										
税引前当期利益										
法人税・住民税等										
法人税調整額										
当　期　利　益										

- 経営管理体制の確立（月次報告資料のシステム化，分析データの一元化により，損益状況を短期間で把握でき，経営判断に活用できる仕組み・体制の確立）による，データに基づく判断とフィードバック状況
- 製品別目標原価の設定とその達成状況
- 調達・仕入による製品別コスト削減の達成状況と，調達・仕入のコスト管理の仕組み確立の状況
- 機械部品，電機部品，外注加工品，ユニット，製品などの在庫削減の達成

図表6-5　深掘りしたモニタリング例②（月次販管費把握の例）

科目名	2016(H28)年度実績 月次平均	2017(H29)年度実績 月次平均	2018(H30)年度上期実績							
			4月	5月	6月	7月	8月	9月	上期計画	上期実績
販売費・一般管理費										
役員報酬										
販売事務員給与										
賞　　与										
退職金										
法定福利費										
人件費計										
販売変動費（運送費）										
広告費・販促費										
展示会費用										
接待交際費										
保険料										
地代家賃										
リース料										
水道光熱費										
通信・交通費										
会議・諸会費										
事務用品・消耗品費										
修繕費										
租税公課										
減価償却費										
貸倒損・引当損										
教育研修図書費										
備品消耗品費										
販売員旅費										
雑費										
他販管費計										
販売費・一般管理費計										

　状況と，在庫管理と削減の仕組み確立の状況

● 納期短縮の達成状況と短納期生産体制（的確な生産管理体制）の確立の状況

● 統合的情報システムの確立による情報の共有化，作業の迅速化・効率化

⑥　効果的な営業活動体制，仕組みの構築のモニタリング

効果的な営業活動体制，仕組みが構築されているかのモニタリングでは，次

図表6-6　深掘りしたモニタリング例③（月次製造原価把握の例）

科目名	2016 (H28) 年度実績 月次平均	2017 (H29) 年度実績 月次平均	2018(H30)年度上期実績							
			4月	5月	6月	7月	8月	9月	上期計画	上期実績
製　造　原　価										
材　料　費										
（うち材料費棚卸高）										
賃　金　（製）										
賞　与　（製）										
退　職　金　（製）										
法定福利費（製）										
福利厚生費（製）										
労　務　費　計										
保　険　料　（製）										
地代家賃　（製）										
リース料　（製）										
水道光熱費（製）										
通　信　費　（製）										
据付旅費　（製）										
消耗品費　（製）										
修　繕　費　（製）										
租税公課　（製）										
減価償却費（製）										
教育研修費（製）										
消耗工具費（製）										
製　図　費　（製）										
製造雑費　（製）										
他　製　造　費　計										
総　製　造　経　費										

のような項目が考えられる。

- 技術営業，提案営業の実施詳細と確立状況
- 見積，見積条件等の確実な作成とレビューを可能とする仕組み

⑦　人事制度の見直しの実施と，社員の意識改革のモニタリング

　経営革新の一環として，人事制度等の見直しが計画されていれば，その実施状況をモニタリングする。また，社員の，情報に対する認識の程度や，業務への態度なども，必要に応じてモニタリングする。

第6章　経営革新計画の実践支援　137

- 人事制度の整備状況の確認
- 情報公開やコミュニケーションの実施状況
- 社員の積極性，業務に対する意識などを，提案活動やミス・ロスの削減等から把握

 経営革新計画承認企業のフォローアップ

(1) 東京都の経営革新計画実施企業のフォローアップ支援
① フォローアップ支援の目的

フォローアップ支援は，中小企業等経営強化法に基づく経営革新計画の承認企業（組合等を含む）へ東京都が中小企業診断士を派遣し，経営革新計画における経営課題の解決を支援する事業である。

企業側にとっては，フォローアップ支援を受けることで，東京都制度融資の金利が優遇される。最大のメリットは，中小企業診断士の助言を受けることで，経営革新計画実施中に発生する経営課題を解決し，計画目標達成の確度が高まることである。

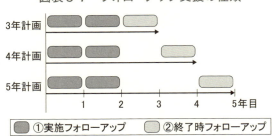

図表6-7　フォローアップ支援の種類

出所：東京都ホームページ

② フォローアップ支援の種類

　フォローアップ支援は，経営革新計画を実施中の企業に対する「実施フォローアップ支援」と，経営革新計画の最終年度を迎えている企業に対する「終了時フォローアップ」の2種類がある。

　実施フォローアップは1年目と2年目に，終了時フォローアップは最終年度に行う。また，実施フォローアップ，終了時フォローアップともに，各年度あたりの最大実施回数は3回までである。

 フォローアップ担当者としての留意点

　フォローアップ支援に対する期待は，企業によって異なる。東京都制度融資のみを目的とする企業もあれば，経営課題自体に気づいていない企業，または，直面したことのない課題に悩む企業もある。中小企業診断士としては，どのような期待であっても，経営革新計画の目標達成に資するフォローアップ支援を行う心構えが必要である。

(1) フォローアップ支援前の準備

　中小企業診断士として，経営革新計画の目標達成に資するフォローアップ支援とするためには，事前準備が必要である。その内容として，次のような点が挙げられる。
- 経営革新計画の内容理解
- 業界の動向理解
- 企業の財務状況の分析
- 企業のビジネスモデル把握
- 課題の想定

経営革新計画を読み込んだだけでは，適切な課題想定を行うことは難しい。

特に，経験の浅い業界を担当する場合は，業界の動向理解は必須である。また，企業の財務状況を分析することで，経営状況を把握できる。さらに企業のビジネスモデルを適切に捉えたうえで，課題を想定する。

　事前準備が疎かな状態でフォローアップに臨んだ場合，状況のヒアリングだけで終わる可能性が高い。限られた時間の中で，課題を抽出し助言するためには，事前準備が不可欠である。

(2) 中小企業支援施策の準備

　フォローアップ支援は，各年度3回までと実施回数の上限がある。その中で，課題解決の支援実施まで行うことは難しい場合がある。そのようなときは，活用できる中小企業支援施策を予め想定しておき，その利用を助言すべきである。

　東京都の場合は，東京都中小企業振興公社と東京商工会議所のホームページから，中小企業支援施策の情報を収集できる。また，支援策のパンフレットを準備しておくことも，企業へ説明する際に役立つ。

(3) ヒアリング時のポイント

　ヒアリングは，経営革新計画実施状況の情報収集だけではなく，経営課題を見つけるための対話でもある。しかし，言葉だけのコミュニケーションでは，企業と支援者の双方が同じ理解をすることが難しい場合がある。そのようなときは，図形化して確認しあう方法が有効である。第1章4節の「経営革新As-Is・To-Beモデルでさらなる具体化を図る」で説明した方法は，現状（As-Is）で問題点・課題を，あるべき姿（To-Be）で解決後の姿を，企業と支援者が共同で作成するものであり，双方向の理解促進に有効である。

　限られた時間の中で，経営革新計画実施状況を確認し，課題抽出・助言を行うには，事前準備と効率的なコミュニケーションが欠かせない。それにより，経営革新計画の実現，ひいては中小企業の活性化に寄与できるのである。

第**7**章

経営革新支援事例

ミーコッシュ革新で経営革新/IT構築に成功した㈱甲州屋呉服店

【企業概要】

企業名	株式会社甲州屋呉服店
代表取締役社長	志村 賢三
創業	大正12年9月
設立	昭和24年12月
資本金	1,000万円
従業員	3人
本社所在地	東京都新宿区新宿2-5-11
TEL	03-3341-3043
FAX	03-3358-2380
URL	http://www.kousyuya.co.jp
業務内容	呉服の販売・レンタル及び関連役務の提供

(1) 経営革新に及んだ経緯・動機

　当社は大正12 (1923) 年，東京都新宿区に創業し，昭和24 (1949) 年に法人設立した呉服小売業である。呉服小売市場は1980年代の1兆8,000億円をピークに，現在は3,000億円前後まで縮小し，消費者のライフスタイルの変化，多様化等もあり，既存の高級呉服の販売のみに頼った経営方針では現在の顧客ニーズに対応しきれないため，経営革新が必要となった。

　そこで，4代目の志村郷親氏は販売のみではとらえられない顧客ニーズに対し，レンタル事業を取り入れたいと考えた。しかし，現社長(3代目)の志村賢三氏は，レンタルビジネスは在庫が多くなり商品回転率が低い，また仕入れた商品の元をとるのに3回のレンタルをしないと回収できない，等の理由からレンタルビジネスには消極的であった。

　そこで，両者の意見の解決策として図表7-1-1のような新しいビジネスモデルを提案することによって，両者が納得して経営革新とともにIT投資を行うこととなった。

図表7-1-1（ツール247）　新ビジネスモデル

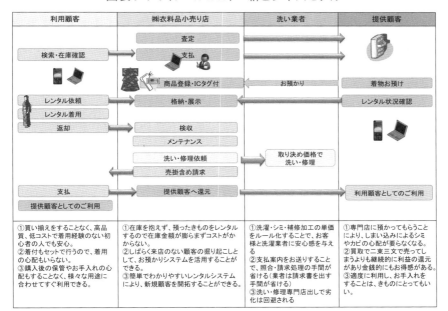

（2）経営革新の内容

① 経営革新としてのビジネスモデル

　今までの店舗販売中心のビジネスモデルに替わる，レンタルを中心にした新しいビジネスモデルは，図表7-1-1のとおりである。それは，過去に買っていただいたお客様のタンスの中にある滞留商品をお借りして，新規のお客様にレンタルユースとして提供するビジネスモデルである。

　こうすれば自社の在庫負担をなくして，商品の品ぞろえができるし，レンタルユースのお客様には安価に提供でき，呉服を提供してくださる商品提供顧客に対しては，使用料のいくばくかはお礼金として還元できるシステムである。

（3）戦略ビジョンを作り，1次期待効果を明らかにする

① 経営目標を定め，社長の思い入れを明らかにする

経営目標は，会員登録1年目10人，2年目250人，3年目500人と設定した。

社長の思い入れは，「レンタル事業を成功させることによって，これからの呉服小売商業の存立基盤を確立する」ことである。

② SWOT分析で強み（S）・弱み（W）・機会（O）・脅威（T）を明確にする

図表7-1-2の左上に記したように，強み・弱み・機会・脅威を分析するとともに，縦軸と横軸の交点に成功要因を記述した。

③ 新戦略（ドメイン）を明確にする

「レンタルにおける調達・販売の新ビジネスモデルの構築」とした。そのためのIT構築も必然となった。

④ 主要革新テーマの確定

図表7-1-2の右上に示してあるように，経営革新テーマを明確にしておく必要がある。

a. マインドウェア（MW）は，今までの考え方を白紙に戻して体質そのものを変えること。

b. ヒューマンウェア（HuW）は，ツギハギ改善ではダメ，抜本的なリデザインを行う。

c. コミュニケーションウェア（CW）は，今までのなれ合い取引ではダメ，ルールの抜本的な見直しを行うこと。

d. ソフトウェア（SW）は，現状業務追随型ではダメ，ソフトウェアを戦略化すること。

e. ハードウェア（HW）は，現状業務追随型ではダメ，ハードウェアを戦略化すること，とした。

図表 7-1-2 IT経営革新の全体をまとめた戦略ビジョン

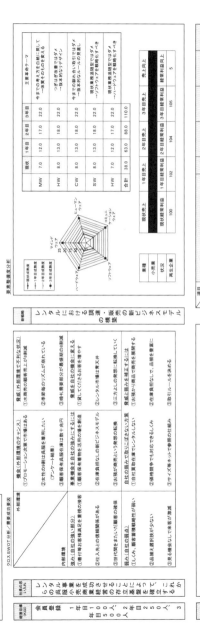

第7章 経営革新支援事例 145

⑤ 要素整備度を診断し1次期待効果を明らかにする

一般的にいって，経営者は経営革新計画を実践することで，どのような効果が出るのかを早く知りたがる傾向がある。これに応えるために作ったのが，要素整備度向上による1次期待効果算出である。

これは，3〜8回程度（ミラサポやエキスパート支援・東京都専門家指導員等），中小企業診断士が支援をしたらこのように利益改善しますよということを証明するためのものである。

図表7-1-2の右上に示してあるように，それぞれの要素整備度（5つのウェア×5＝25項目：図表3-3参照）を分析し，経営革新し要素整備度を高めると，どのように営業利益が向上するかを算出した。

⑥ コアコンピタンスを定める

「店の信用を活かしたビジネスモデルを作成する」ことが当社の核となる強味とした。

⑦ マネジメント要件を明確にした

a. マインドウェアイノベーション（考え方・あり方の革新）

b. ヒューマンウェアイノベーション（スキル・やり方革新）

c. コミュニケーションウェアイノベーション（約束事・EDI革新）

d. ソフトウェアイノベーション（知的財産権革新）

e. ハードウェアイノベーション（有形資産革新）を行うこととした。

⑧ 第2次期待効果を明らかにした

この期待効果は，すでに第1章〜第3章で記述してきたように，As-Is・To-Beモデルを作成し，ABC手法による期待効果算出をしている。これに至るには，5〜10回程度の支援を行わないと算出できない場合も多いと思う。

しかし，この期待効果を算出しなければ，相手先企業から顧問としての要請は来ないであろう。コンサルタントとしての絶対条件であると私は考えている。

その期待効果結果は図表7-1-2の右下に示してある。

（4）As-Is・To-Beモデルを作る

これは，戦略ビジョンの2次期待効果を出すために必要なプロセスとなる。その作成については，すでに第1章4節で示しているので，参考にしてほしい。

（5）経営革新計画の申請・承認を得る

申請内容は紙幅の制約上記述できないが，詳しくは，『新事業で経営を変える』（小林勇治・戸田正弘編著，同友館）を参照してほしい。

（6）5つのウェアの掘り下げを行う

① マインドウェアはこの段階で完成している

これはたくさんあるが，当該企業では戦略ビジョンのみの完成で終えている。

② ヒューマンウェアの掘り下げ

主にBII・To-Beモデルの構築であるが，戦略ビジョン完成の段階で，ほぼ出来上がっている場合も多いと思われる。しかし，ソフトウェアの構築段階で修正は続けられる。

③ コミュニケーションウェアの掘り下げ

商品コード・商品分類コード・伝票類・IC（RFID）タグの取り決め・ネットワークの取り決め等を行う必要がある。これについても第2章4節で説明しているので読み返してみてほしい。

④ ソフトウェアの掘り下げ

当該企業では，ホームページ・業務ソフトウェアプログラムの概要設計のみを行っている。

図表7-1-3　防水加工を施したRFIDタグ

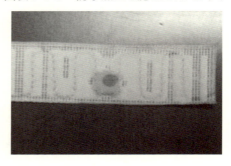

図表7-1-4　着物に取り付けられたRFIDタグ

⑤　ハードウェアの掘り下げ

　当該企業では情報機器を中心に掘り下げを行って，情報機器の構成を明確にした。

（7）RFP（提案要求書）によるベンダーの選定

　ITベンダー選定では，最初5社に見積依頼したがこちらの予定価格よりはるかに高かったために，2社を追加して選定をした。最高価格の見積書と決定したベンダーとの価格差は8倍の差があった。

(8) ベンダー決定とプログラム開発

ベンダーを決定してからプログラム開発を行ったが，見積価格のままでシステムを完成・稼働させている。この手法をとれるコンサルタントは，おそらく日本で数人しかいないと思っている。

(9) 経営革新計画の成果

① 2次期待効果の実現

当初戦略ビジョンで想定した期待効果は実現できた。

② その他の効果

「RFID」を利用した着物の商品管理，老舗専門小売業として築き上げた顧客との信頼関係をもとにした「お預かりサービス」と，わかりやすい価格ラインナップの「レンタルサービス」などとの連携パッケージは当社が初めてであり，新たな着物業界のサービスモデルを確立した。

高齢者世代中心の既存の顧客を大切にするとともに，20～40代の若年層を中心とした新規顧客を獲得，会員数も拡大傾向である。

今後Webマーケティングに力を入れ，会員数のさらなる拡大を狙っている。

2 建設・橋梁市場への進出と人材育成で躍進する丸良興業㈲

【企業概要】

企業名	丸良興業有限会社
代表取締役社長	虻川良太郎
設立	昭和50年6月
資本金	550万円
従業員	18名
本社所在地	東京都大田区大森北4-13-10
TEL	03-3765-6544
FAX	03-3765-6520
URL	http://www.net-maruyoshi.com/
業務内容	工事業

(1) 若手社員の育成と新たな建設・橋梁市場への挑戦

① 新入社員の育成

a. 若手経営者としての自覚

　30代の若さで2代目社長となった現経営者虻川良太郎氏は，その精神的支柱を浦安倫理法人会に求めた。感銘を受けた言葉は「企業に倫理を，家庭に愛を」であった。一番小さな家庭がおおもとで，これがうまくできない人は会社もできない，という意味であった。それ以来，虻川氏はすべてにまず自分から「おはようございます」という言葉を発することから始めた。その時より周りが明るくなり，だんだん自分の人間力が高まっていくことを実感できた。

　また，建設職人甲子園では，協賛チームとひたすら自分と向き合う作業を続けた。なぜこの仕事を選んだか，まで考えた。

　これらを通して，自分より年上の職人や新たに指導すべき新人の中で，しだいに先輩あるいは経営者としての自覚が養成されていったのであった。

b. 将来の幹部としての新入社員の育成

　同社の現状の経営は必ずしも順調ではなく，経常利益が赤字の時もあった。その中で新人の採用については，地方の高校の進路指導の先生とも良い関係を

続け，この人手不足の時代に採用には困らないという状況である。今は将来の幹部となってもらうための投資として，下記の好条件で，新人採用を続けている。高卒でも2年目から年収300万円を超えることが可能な条件であった。

図表7-2-1　正社員採用待遇

- 基本給170,000円＋各種手当40,000円（賞与・昇給有，転勤無）
- 一人暮らしの場合の家賃補助最大50%
- その他社会保険及び各種祝い金　他

② 古い機材による稼働率の低下

同社の主力機種のラフタークレーン※は施工中も故障がつきものだが，古い機種が多く，その稼働率は低かった。また，そのつど修理する社員の苦労は絶えなかった。

※ラフタークレーン

よく街で走行しているのを見かけるクレーン。トラックに比べて，コンパクトであり，前輪・後輪で別々に左右の動きができ，狭いところにも入っていって作業が可能である。走行時と作業時も同じ運転席で操作し，前から現場に付けて，降りずに作業することができる。

③ 建設・橋梁市場への拡販

同社の工事別売上比率は，土木工事が全体の70%を占めている。しかし国内市場別の構成は下記のとおり，建設工事のほうが圧倒的に多い。

今後，建設・橋梁市場への拡販が同社の課題である。

図表7-2-2　全国工事種別受注動態

（金額単位：百万円）

	受注高合計	土木工事	建築工事・建築設備工事	機械装置等工事
H26年度	77,668,786	22,995,028	47,276,062	7,397,695
H27年度	84,522,806	23,110,375	53,200,100	8,212,331
H28年度	85,982,619	24,057,226	54,267,938	7,657,456

出所：国土交通省「受注動態統計調査報告」平成28年度分

(2) 従業員の負担軽減と競合他社の少ない高所作業事業への参入

① 古い機材の更新

今回，経営革新計画の認定を受けたことをきっかけに，計14台あるラフター クレーンを全部更新し，稼働率が大幅に向上し，従業員の負担軽減につながっ た。

② 競合他社の少ない高所作業事業に参入

高所作業車は最大到達高度が50m程度で，それ以上の高所作業は足場を組 んでの作業となり，コスト増とともに安全性にも課題がある。同社の保有する ラフタークレーンは最大65mまで，さらに運転室・操作室別のオルターレー ンクレーンでは最大80mまで到達可能で，これに安全対策を施したスカイボッ クス㈱社製ゴンドラ「スカイボックス」を取り付けることで，高所作業にも対 応可能と考えた。そのための開発事項としては，

　a. スカイボックスをラフタークレーンに取り付け可能に改造する

　b. スカイボックスにカメラを取り付け，運転席のモニターからクレーンオ 　　ペレータが遠隔操作できるようにする

というものであった。また，これ以外に，通常の高所作業車は作業できる範囲 が15mだが，ラフタークレーンは狭いところでも入ることができ，作業でき る範囲も30mと大きい。これにより50m以上の高所作業を，クレーン作業と 合わせて一台で提供することが可能で，競合他社が少なく，かつ価格優位によ る収益向上が見込める。

(3) スカイボックスを用いたラフタークレーンの高所作業により得られたもの

① 東京都労働局から認可された安全性

東京都労働局ではゴンドラをクレーンに取り付けることを禁止していたが， 足場による工事の事故多発により考え方を緩和し，平成26年11月14日付で東 京都労働局基準部安全課の公式見解として，

　a. 当事業により開発を行い建設現場の施工に用いる車体は"高所作業車"と

図表7-2-3　ゴンドラタイプ装着ラフタークレーン

位置づける
b. 操作は，高所作業講習を受講済みの作業者に限って行うこと
との指導を受けるに至った。

② ラフタークレーンによる高所作業と従来の足場作業との比較
　従来の足場による工法と，スカイボックス搭載のラフタークレーンによる工法を比較すると，図表7-2-4のとおりである。

③ 大学からの講演依頼
　蛭川社長は，当工法による経営革新事例をテーマに，2016年10月27日，明治学院大学特別講座で講演をすることができた。

(4) 新規市場開拓に向けて
① 当面の顧客開拓
　当面の顧客獲得は既存事業でつながりのあるレンタル業者を中心に展開していく方針である。また，高所作業市場は高さ30mを超える部分については事

図表 7-2-4　足場工法，ラフタークレーンによる工法比較

	足場工法	ラフタークレーンによる工法
安全面	× 施工中の転落，設置・解体時の事故が多い。	◎ 厚生労働省が推進する「足場を用いない工法」に合致するため，安全面でのメリットが大きい。
施工領域面 （一度に施工可能な面積）	◎	○ 高所での可動はできるが，足場工法に比し，一度に作業できる領域は狭いため，大規模工事には不向きである。
コスト面	× 約180万円。設置時と解体時に2度工数が掛かる。	◎ 約90万円。設置・解体不要。
工期	× 設置と解体含めて10日間必要	◎ 施工期間の4日間のみ

（注）上記は5階建て鉄筋造の現場の施工を想定

図表 7-2-5　明治学院大学からの講演感謝状

図表7-2-6 新入社員とともに

業者も少なく，1日当たり単価も25万円程度と，従来のクレーン作業単価5万円程度に比し，高く設定することが可能である。

② 新たな市場の開拓
　当事業の知名度が上がってきたところで，今後都心を中心に建設需要の増加が予想され，それに伴い増加すると思われる狭い作業範囲での高所作業等に，自社での直接新規顧客開拓獲得を目指す方針である。

(5) 新規工法，新規市場そして人材育成
① 新たなことへのチャレンジと人材育成
　虻川社長のコメントとして，「世の中にないものを作り出すことはよいことで，資金的にもメリットもあるので，経営革新にチャレンジしてきた。今までは土木主体でやってきたが，これからは建設・橋梁市場にも出ていきたい，そのためには，今回の新規工法は武器にもなるし，一にも二にも人材である。これからは，ベテランからの技能伝承だけでなく，経営者自らが人材を育てて，さらなる飛躍を期していきたい」

② 今後考えられる取組み

図表 7-2-7　国が管理する施設で建設後50年以上経過する社会資本の割合

	2013年3月	2023年3月	2033年3月
道路橋　約40万橋（橋長2m以上）	約18%	約43%	約67%
トンネル　約1万本	約20%	約34%	約50%
河川管理施設　水門等　約1万施設	約25%	約43%	約64%
下水道管きょ　総延長約45万km	約2%	約9%	約24%
港湾岸壁約5千施設（水深4.5m以深）	約8%	約32%	約58%

出所：国土交通省「社会資本の老朽化の現状と将来予測」

　上の表でもわかるように，今後国の管理の社会インフラだけでも，建設50年経過の施設の割合が急速に増加する。これに，市町村管理の施設も加えると，老朽化インフラ対策は喫緊の課題となっている。これらに対しては，現在各種の対策の試みがなされているが，今回同社が開発した新工法も十分橋梁やトンネルの老朽化対策に有効ではないかと思われる。今後この分野での新規市場開拓も期待できる取組みである。

3 入浴専門の3時間デイサービスを事業化した㈱いきいきらいふ

【企業概要】

企業名	株式会社いきいきらいふ
代表取締役社長	日下部　竜太
設立	平成14年4月
資本金	4,000万円
従業員	230名（平成27年1月）
本社所在地	東京都台東区北上野2-6-14　3F
TEL	03-5827-7788
FAX	03-5827-7789
URL	http://www.ikiikilife.co.jp/
業務内容	通所・訪問等在宅介護事業 平成27年度東京都経営革新優秀賞受賞 テーマ「時間帯を選択可能な入浴専門3時間デイサービスの事業化」

（1）自分が受けたい，家族に受けてもらいたい介護サービス

① 社名「いきいきらいふ」への想い

　当社は居宅介護支援（ケアマネジメント），通所介護（デイサービス）等の在宅介護サービス事業を主に営んでいる。経営者は，「介護の真髄は人がいきいきと生きるために力となること」と考えており，会社の使命は介護と向き合う方々の心の安らぎを叶えるためのお手伝いであるとしている。この精神から「自分が受けたい，家族に受けてもらいたい介護サービス」を追求し，提供することを経営理念としている。

　ここで，介護と向き合う方々とは，介護される方のみでなく，そのご家族や介護する側まで，さらには業界までも含めて考えられている。このために当社では，現場で培ってきたノウハウや理念を多くの介護従事者の方々と共有すべく，社員独立制度やフランチャイズ事業にも取り組んでいる。そして閉鎖的な介護業界を活性化させ，より明るくオープンな次世代の介護サービスで，社会に貢献したいと考えている。

第7章　経営革新支援事例　157

② 利用者のニーズに合った介護サービスを提供する

　介護事業の外部環境を見ると，2025年問題，すなわち2025年にわが国人口の25％が75歳以上となること等から，その必要性については明らかである。一方では民間の介護支援事業者の増加により，事業者間での差別化も重要となりつつある。また，介護保険法の見直しによる介護報酬引き下げの動向に対して，事業者は売上高確保のための新たな施策も求められている。

　介護サービスの利用を認められている方たちの中で介護サービスを利用しているのは約6割となっている状況（図表7-3-1参照）で，残り4割の方たちのニーズに合致したサービスを創り出すことも使命である。

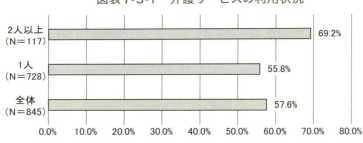

図表7-3-1　介護サービスの利用状況

出所：日本政策金融公庫総合研究所「訪問介護・通所介護に関するアンケート」

　デイサービスでは，在宅高齢者を送迎して，食事，入浴，健康チェック，介護予防プログラム，レクリエーションなど日帰りの介護サービスを提供しており，生活介助や心身機能の維持向上を目標としている。

　ここで，男性のデイサービス利用者の多くは，入浴目的の利用であり，施設が利用者のために企画しているイベント等への参加を心理的負担に感じていることがわかった。現状，多くの男性利用者がその精神的疲労が原因で通所を止めているといえる。特に男性デイサービス利用者のニーズへの対応と新規事業展開のために，「入浴専門の3時間デイサービス」の事業化に取り組むこととした。

(2) イベントの時間を大幅にカットした入浴専門の3時間デイサービス

　男性利用者等の中にはおしゃべりやイベントの時間を楽しいとは感じていない人が多い。そこで、おしゃべりやイベントの時間を大幅にカットした業界初の「入浴専門の3時間デイサービス」を事業化した。

　図表7-3-2に新事業と従来のデイサービスの比較を、図表7-3-3に新事業の店舗例を示す。なお、従来のデイサービスに満足している方々もいるので、新事業は既存事業に追加して実施するものとした。

図表7-3-2　「入浴専門の3時間デイサービス」と「一般的なデイサービス」との比較

項目	入浴専門の3時間デイサービス	一般的なデイサービス（例）
1日当たり利用時間	約3時間	約7時間
おしゃべりの時間（A）	約1時間	約2時間
イベントの時間（B）	0時間	約2時間
全体に占める（A）（B）の割合	30〜33%	55〜60%
（A）（B）を好まない利用者への影響	おしゃべり、イベントの時間をカットすることで、「無理なく長続きするサービス」となる	おしゃべり、イベントの時間があまりに多く、一部の利用者にはかえって苦痛を感じる結果となっている

出所：「平成27年度東京都経営革新計画事例集」

図表7-3-3　アジアンリゾート風の新事業の店舗内部

出所：図表7-3-2に同じ

第7章　経営革新支援事例　159

(3) 男性利用客の定着率向上，収益拡大・雇用効果

新事業の効果として，特に男性の利用者が苦痛であったおしゃべりやイベントの時間を大幅にカットすることにより，入浴サービスを中心としたデイサービスを求めていた利用客が無理なく通えるようになった。また，時間帯を午前・午後から選択できることによって，さらに通いやすくなった。デイサービスで定着率が低かった男性利用客の増加が期待できる（図表7-3-4参照）。

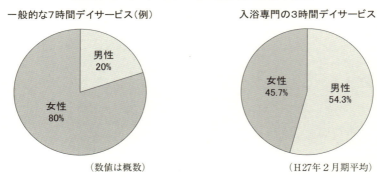

図表7-3-4　デイサービス男女利用者の割合

出所：図表7-3-2に同じ

新事業モデルの新規店舗出店による実績としては，契約顧客数：960名，利用延べ人数（月）：6,120人，男性平均利用率54.3％，事業所数：12事業所であった（平成27年2月）。収益面では，上記による売上拡大ならびに雇用面での拡大効果があった。従来事業を含む売上高推移を図表7-3-5に示す。

(4) 実現可能性を高めるために

計画策定にあたっては，何を，どのように取り組むのかについて，各ステークホルダーとの関係を調整して実現可能性を高めた（図表7-3-6参照）。

図表7-3-5　売上高の計画と実績推移

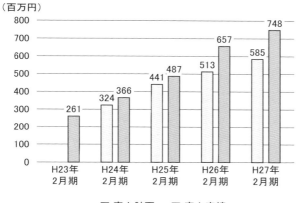

出所：図表7-3-2に同じ

図表7-3-6　ステークホルダーとの関係を調整

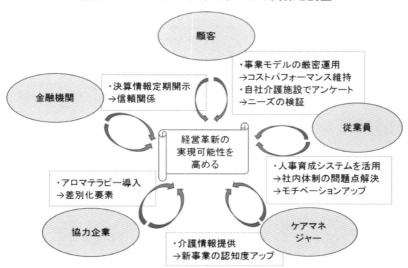

出所：大場貞男氏作成の資料（経営革新実践支援研究会）を参考に筆者作成

① 事業モデルの厳密運用

　顧客の絞り込みを厳密にすることにより，新事業のコストを計画どおりに達成した。集客する際に「過去にデイサービスを見学したが通所を止めた」「デイサービスのレクリエーションに不満がある」「自宅に風呂がない，または古くて入浴が危険な単身もしくは高齢者夫婦世帯」等，定義を厳密にした。サービス内容も入浴以外については過剰とならないように徹底する結果として，コストにブレがないようにした。設計されたビジネスモデルどおりに愚直に回すことに徹して利益性を確保することにより，事業継続性を担保できた。

② ニーズの検証

　当社では，介護ノウハウの蓄積がある強みを生かして，新事業のニーズへの合致を事前に検証した。自社介護施設で利用客へアンケートを行い，新事業のサービス内容が主に男性利用客に受け入れられるものかを確認した。

③ 人材育成

　当社独自の人材育成システムのつながりを活用して従業員アンケートを実施した結果から，新事業に必要な社内体制，資格取得支援制度等についての問題点の洗い出しと対策立案を行った。この従業員との情報共有化の仕組みが，従業員のモチベーション向上にも寄与している。

　当社では「介護に向き合う方々の心の安らぎを叶える」という意味からも人材の育成に注力している。人材育成システムでは，介護職ではなくて現場トレーニングのできるスタッフを有している。そこでは新人を研修のために現場に出すことはなく，専任のトレーナーのもと十分に研修を積ませたのちに各事業に送り出される仕組みとなっている。

④ 外部キーマンとの協業

　要支援者・要介護者のケアプランを決めるときにはケアマネジャーとの面談の影響力が大きい（図表7-3-7参照）。新事業の集客のために，ケアマネジャー

図表7-3-7 介護プログラム決定でのケアマネジャーの業務例

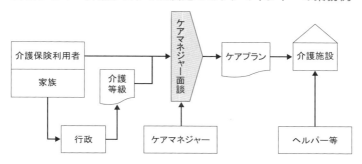

に新事業への認知度を上げてもらうとともに，ケアマネジャーへは現場の介護情報を提供する等，相互に協業を図った。

⑤ 協力会社との協業

利用者の精神的・身体的疲労を癒すとともに差別化サービスとして，リラックス効果のあるメディカルアロマを提携先から導入した。

⑥ 金融機関への情報提供

経営革新計画を作成して融資の利便性を得ることを意図した時点から，お付き合いのある金融機関には，毎年の決算書と事業計画の開示を欠かさず行っている。これにより，金融機関との間に信頼関係が醸成されて，得られる融資の枠と機会に幅を期待できるようになった。

(5) 今後の展望

当社では，「入浴専門の3時間デイサービス」のフランチャイズ化も進展し，また第2の新事業モデルとして「中重度介護者対応入浴専門3時間デイサービス」であるリズム・リゾートを事業化した（図表7-3-8参照）。

今後は，介護保険法の範囲外のサービス等も含めて「自分が受けたい，家族に受けてもらいたい介護サービス」として，高齢者ニーズに沿ったさらに新し

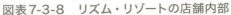
図表7-3-8　リズム・リゾートの店舗内部

い事業モデルの創出が期待される。

　小規模事業所の多い介護サービス業界の中で，経営革新計画の作成を通して中長期計画を考える機会，経営サポートを受けられる環境は貴重である。それらは従業員の育成等にも有用である。

　今後も，従業員と一体となった経営革新への取組みで業界をリードすることにより，介護サービス業界の品質，従業員のモチベーション，業界の魅力等のレベル底上げに寄与することを願いたい。

3D画像を使った新実体顕微鏡で新市場開拓を推進するカートン光学㈱

【企業概要】

企業名	カートン光学株式会社
代表取締役社長	加藤 昇
設立	昭和16年12月
資本金	99,693千円
従業員	国内30人，サイアム（タイ）工場70人
本社所在地	東京都台東区東上野1-27-11
TEL	03-3832-1321
FAX	03-3832-1329
URL	http://www.carton-opt.co.jp
業務内容	光学機器および眼鏡機器の製造販売

(1) 2度目の経営革新計画の策定

① 実体顕微鏡分野では大手に伍するメーカーとしての位置づけ

　カートン光学は1941年12月に会社設立以降，顕微鏡，拡大鏡，老眼鏡等の光学眼鏡機器の製造販売を行っている。現在は，国内本社で企画設計を行い，製造はタイにある100％出資のCarton Optical (Siam) Co., Ltd.に生産委託をしている。かつて埼玉県と長野県に顕微鏡とレンズ研磨工場を有していたが，1994年6月に閉鎖した。国内本社に開発・営業部門を残し，タイに製造部門を移設し，現在サイアム工場では日本式管理と技術で生産を行っている。

　主力製品は実体顕微鏡（総合倍率7～50倍のグリノー式実体顕微鏡）で，この分野ではオリンパスやニコンが有名であるが，電子部品や半導体工場向けにおける当社のシェアは30％以上を占め，大手メーカーに伍したポジションを確保している。

② 今回は2度目の経営革新計画に挑戦

　カートン光学では，2014年に「高倍率実体顕微鏡および自社ブランド眼鏡関連新製品（Shi-ra-ra「視・楽・楽」＝商標登録済）の開発，製品化」という

図表7-4-1 東京都経営革新計画承認書と実体顕微鏡

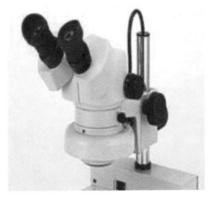

テーマで経営革新計画の認定を受けている。この計画は2016年8月期で3か年計画が終了し、それなりの成果を上げることができたので、今回、新たな分野で経営革新計画に挑戦することにした。

前回は3か年計画であったが、今回は、5か年計画で「平行系実体顕微鏡と3Dテレビを連携させた3D映像システムの開発・製品化と販売」をテーマとして申請、2017年9月に2度目の承認を受けたものである。

(2) TVと連携させ3D画像を実現した新実体顕微鏡

① 本計画策定のきっかけと経緯

顧客サイドからは時折、「医療・教育およびパソコン部品からスマートフォン向けの細かい部品まで、実体顕微鏡で両眼で観察するのと同様に立体感のある映像として3DTVで観察することができないか」という開発要望があった。当社では実体顕微鏡はグリノー式しか開発・製造の経験がなく、顧客要望を満たすには、3Dシステムに最適な実体顕微鏡としての平行系実体顕微鏡を開発する必要がある。また、同時に3Dシステムに精通した画像合成技術と3DTVの供給ができる生産体制を作る必要もあり、今回の計画はかなりハードルが高い開発目標であった。

しかしながら，顕微鏡メーカーでは今までに3Dシステムを製品化したところはないこともあり，当社が開発にチャレンジするのに十分な新規性があると判断した。そのため，レンズ設計部門に大手メーカー経験者を顧問として迎え，顧客の要望に対応できる技術を向上させながら，既存技術と新たに考案した設計技術を融合させ，従来品や他社製品とは比べようもない新規性を持った製品開発を推進していくことが今後の当社発展には不可欠であると認識，決断した由である。

② 新製品開発にあっての問題点と課題

今までの実体顕微鏡は，肉眼観察上では3D映像であったが，CCDカメラからの映像を映し出すシステムは2Dでしかなかった。今回開発する新製品は，初めて3Dシステム上で映像を映し出すことができる実体顕微鏡である。このようなシステムを持っている競合メーカーはなく，市場にも既存製品はない。

実体顕微鏡は，ワークを顕微鏡下に置くだけで立体的に観察できる顕微鏡であるため，多方面の業界にて使用される顕微鏡である。近年は，顕微鏡観察者と同時に，一緒にTV映像でも観察したいというニーズが高く，付属品としてカメラとTVの需要も高まっている。

しかし，実体顕微鏡の目視像は3Dだが，TV上は2Dなので，3Dでは見えるものが2DTV上では見にくくなっている。当社の新製品はこの問題を解決する可能性が高く，たとえば工場でのQCサークルや医療現場での複数による観察の可能性があることが期待されている。

③ 新製品開発に向けた取組み（課題の克服）

実体顕微鏡は，生物顕微鏡（一般的な顕微鏡）に比べると，高倍率を得るのは困難であるが，正立像が得られ，WD（作動距離：ピントが合った状態での対物レンズの先端と標本との距離）が長く，しかも遠近感のある立体像が得られるため，顕微鏡下での解剖や電子機器や精密部品などの検査および修理作業に適した顕微鏡である。

第7章 経営革新支援事例 **167**

図表7-4-2　新開発した平行系実体顕微鏡と3Dテレビを連携させた3D映像システムが解決する課題

	既存実体顕微鏡 映像システム	新実体顕微鏡 3D映像システム
観察する映像	肉眼観察は3D TV映像は2D	肉眼観察は3D TV映像も3D
顕微鏡観察者以外の状況	顕微鏡観察者は3Dで見ているが，TV観察者は2Dで平面的観察。	顕微鏡観察者は3Dで見ており，TV観察者も3Dで立体観察。

図表7-4-3 新製品のイメージ

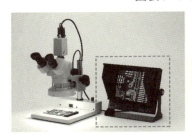

　イメージを図表7-4-3に示すが，ディスプレイ（点線枠でなった部分）には，平面的な映像が映し出されているが，本事業の3D映像システムを使うことで立体映像を3Dテレビ上で見ることができるようになる。写真はあくまでもイメージであり，実際に映し出された3Dテレビを見た場合，より立体化した映像を確認することができる。
　実体顕微鏡には，大きく分けてグリノー型と平行光路型の2つのタイプがある。グリノー型は，双眼鏡のように接眼レンズから対物レンズまでのすべての光路・光軸が左右完全に独立で，両眼から一定の角度（12度程度）をもって標本にアプローチするタイプであり，鏡体をコンパクトに設計しやすい特長がある。
　その反面，平行光路部分がないため，落射蛍光，簡易偏光など，特別な機能を与えた検鏡法には対応しにくい問題がある。また，CCDカメラの装着に際しても，カメラ装置が天井に向かって高くなってしまう構造上の制約があり，

結果としてユーザーが使いづらくなる可能性が高まる。さらに観察像に目を向けると像の平坦性が得にくいという問題もある。

一方の平行光路型は，接眼レンズから対物レンズに至るまでの光学系の光軸が平行になるため，この部分に落射蛍光ユニットなどの装置を挿入して，さまざまな機能を付加したシステムが構築しやすい。各種カメラを取り付けられる三眼鏡筒（ビームスプリッター）を用いる場合，平行光路型のほうが対応しやすい特長がある。また，観察像の平坦性がグリノー型よりも得られるという特長もある。

したがって，本経営革新計画では，CCDカメラで撮った実体顕微鏡の映像を3Dテレビで映す仕組みの開発であることと，実体顕微鏡を用いた医療行為や電子機器や精密部品などの検査および修理作業での利用シーンを鑑み，より技術的な対応がしやすい点と観察像の平坦性が得られるという点を重視して，平行光路型を採用しての新実体顕微鏡の開発を行うこととした。

（3）新市場開拓に向けて

① 新たな市場創出と新製品の効果と期待

当社は既存製品では世界各国で販売実績を持っているので，新製品では既存の電子機器部品メーカーや学校教育以外に医療分野もターゲットとしていく計画である。顕微鏡だけでなく，TVモニター上でも3D観察が行えるシステムは，日本国内だけでなく世界各国のエンドユーザーの付加価値事業に多大なる貢献ができうるものと考える。

実体顕微鏡は両眼で観察するため，体に負荷がかかる観察方法であるが，本3D映像システムを使用することによって観察者の疲労の軽減を図ることができるし，顕微鏡の観察者以外にも3D観察の機会を与えられることによって新しい事業機会を生むことが期待される。

図表7-4-4 東京イノベーション発信交流会での展示

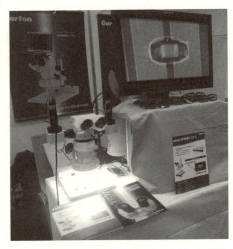

＊2017年2月に東京都産業技術研究センター本部で開催された東京イノベーション発信交流会にて参考展示されたプロトタイプ。
＊多くの来場者の関心を集め，発売への期待感が高まった。

② 販路開拓に向けた取組み
a. 販売ルートの開拓
　当社の既存顕微鏡の国内・海外およびタイのセールスが販売活動を行う。既存の販売ルートは，学校教育ルート，理化学大学ルート，機械工具や電子機器部品工場へのルートを活用すると同時に，医療ルートを新規開発して病院・大学医学部への納入を目指す。
b. 展示会出展，カタログおよびホームページの制作
　新製品を紹介するカタログの制作およびホームページでのPRおよびデモ機を準備し，各種展示会においてPRを行う。
c. 新製品の発売
　システム全体で定価150万円（税抜き）を予定する。

（4）２度目の経営革新計画を今後の成長の糧とする

① 企業としてのメリット

新商品の発売により，既存顧客へのイメージアップと新規顧客の開拓および利益の拡大が見込まれる。また，新製品投入により，既存のバージョンアップおよび機能の拡大という付加価値の増大につながることから，企業イメージが大幅に向上することが期待される。

② 中小企業診断士の役割

経営革新計画の策定にあたっての助言はもちろんだが，新たな取組みには資金調達も必要であり，設備投資においてはモノづくり補助金，また，海外での販路開拓においては世界的な業界展示会への出展に向け，経済産業省や東京都中小企業振興公社の展示会出展助成等を活用するなど，さまざまな支援を行っている。当社の経営顧問として，経営幹部との定期的な打ち合わせを通じて，今後とも当社の成長発展に尽力していきたい。

女性用高級ケアブランドの開発で躍進する㈱バルドゥッチ

【企業概要】

企業名	株式会社バルドゥッチ
代表取締役社長	バルドゥッチ淳子
設立	平成26年8月
資本金	500万円
従業員	5人
本社所在地	東京都渋谷区富ヶ谷2-34-21
TEL	090-8508-8429
URL	http://www.tresmaria.com http://www.balducci.jp
業務内容	化粧品開発・販売

(1) 実は多くの女性が抱えている悩みに解決策を提供する

① 9割以上が悩みを抱えている日本人女性

　当社がアンケート調査を実施したところ，日本人女性の多くの悩みが顕在化した。この調査によると，9割以上もの日本人女性がデリケートゾーン（陰部）に関する悩みを抱えているという。悩みについての最も多い回答が「匂い」，次いで「蒸れ」「痒み」「黒ずみ」というものである。

② 誰からも教えてもらえなかったデリゲートゾーンのお手入れ

　「恥ずかしい」などといった意識から，日本人の女性は，大切なエリアであるデリケートゾーンについて，誰かに相談することはほとんどない。また，誰かから正しいケア方法を教わることもない。実は，女性のデリケートゾーンは尿や経血などが付着しやすい身体箇所であることから，細菌が繁殖しやすい。そのため，不衛生な状態のままにしておくと，匂いや痒みといった問題が生じる。さらには，病気の原因になることもある。

③ 日本製デリケートゾーンのお手入れブランド『トレスマリア』誕生

　そこで，美容や女性の需要に関して，国内外の知識が豊富な当社が，多様化

する女性の需要に解決策を提供し，高級デリケートゾーンケア市場を率先できないかということで，新事業を検討開始した。そして，恥ずかしいから大切なことへと導く，デリケートゾーンのお手入れブランド『トレスマリア』が誕生したのである。

（2）ケア意識が低い日本女性を健やかに美しく輝けるよう応援する

① 日本の美容市場

日本の美容市場において，脱毛サロンの急成長とともに，女性のアンダーヘアへの意識が高まり，デリケートゾーンの露出から生まれるケアの需要が拡大されているにも関わらず，日本製高級ケア商品は欠如しているのが現状である。美容のトレンドは欧米から発信され日本に流れ普及するが，世界市場においてデリケートゾーンケア（フェミニンケア）市場は拡大している一方で，日本市場は大きく遅れているといえる。

② デリケートゾーンの適切なお手入れが重要

適切なケアを日常的に取り入れることが，「匂い」「蒸れ」「痒み」「黒ずみ」といった悩みの対策になる。匂いや蒸れの原因の大半が汚れや雑菌であり，黒ずみや痒みの原因の多くは乾燥である。そして，ほとんどの女性がデリケートゾーンを見たことがないという。したがって，当社のブランドでは「ソープで洗って，ミルクで潤し，ミラーで見つめる」のシンプルな3ステップケアで，お手入れを正しく導き，デリケートゾーンの適切な日ごろのお手入れの重要さを発信している。

③ 日本の女性への応援

グローバル社会，高齢化社会，そして女性の社会進出に応じた，女性の顕在的・潜在的な悩みや不便さを解決し，女性がより自立し，自信をもって輝く未来を築くお手伝いをするというのが，当社の経営理念である。この経営理念が，健やかに美しく輝く日本の女性を応援する日本発デリケートゾーンのお手

入れブランド『トレスマリア』に顕在化したといえよう。

（3）意識そのものの底上げを狙う

① トレスマリアの3つの約束

『トレスマリア』は，スペイン語で3人のマリア様という意味である。『トレスマリア』は，母，私，娘の3世代の象徴であり，母や私が悩みから解き放たれ満たされることで，子供，そして日本を潤すというブランドメッセージである。『トレスマリア』には，次の3つの約束がある。

a. あらうるおす

「洗う・潤す・見つめる」が『トレスマリア』独自のシンプルな3ステップケアである。ソープで清浄し，ミルクで保湿し，ミラーで確認して自分のからだと向き合う。

図表7-5-1　トレスマリアの3つの約束

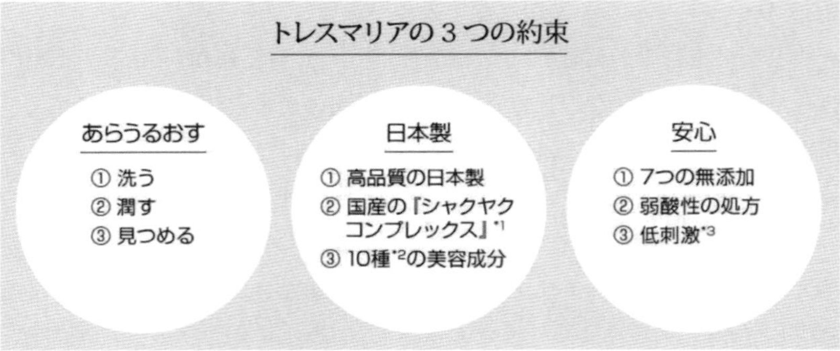

＊1　シャクヤク根エキス・ゲットウ葉エキス・ユズ果実エキス・ヒアルロン酸Na・乳酸桿菌／乳発酵液（保湿成分），コメヌカスフィンゴ糖脂質（整肌成分），アスコルビルグルコシド（製品の酸化防止）の複合体
＊2　トコフェロール・シアノコバラミン・ゴマ油・レシチン・コメヌカ油・ローズマリー葉エキス・カニナバラ果実エキス・ザクロ果皮エキス（保湿成分），カワラヨモギ花エキス・カミツレ花エキス（整肌成分）
＊3　パッチテスト・スティンギングテスト・アレルギーテスト済み

b. 日本製

　シャクヤクエキス，乳酸菌やセラミドなど国産成分7種の複合体を配合し，デリケートゾーンを健やかに潤いつくしむ。

c. 安心

　合成着色料・紫外線吸収剤・パラベン・シリコン・鉱物油・石油系界面活性剤・エタノールの7つのものを添加していない。パッチテスト，スティンギングテスト，アレルギーテストを実施しており，弱酸性，低刺激であり，乳幼児が使用しても安心して使える世代を超えた安全性を確保している。

② 商品ラインアップ

a. デリケートゾーンの洗浄料『トレスマリア ソープ』

　なめらかな使い心地の泡立たないジェルタイプのソープ。国産の芍薬（しゃくやく）コンプレックスをはじめ，美容成分をたっぷり配合し，デリケートゾーンにやさしい弱酸性・低刺激。気になるニオイやムレの元を取り除き，健やかに明るい肌へ。

b. デリケートゾーンの乳液『トレスマリア ミルク』

　みずみずしい使い心地で高浸透の保湿ミルク。国産の芍薬（しゃくやく）コンプレックスをはじめ，美容成分をたっぷり配合し，デリケートゾーンにやさ

図表7-5-2　トレスマリアの商品ラインアップ

しい弱酸性・低刺激。乾燥や汚れによるかゆみや黒ずみのケアに，ふっくらとハリのある肌へ。

c. デリケートゾーンの手鏡『トレスマリア ミラー』

　やわらかな楕円形のデリケートゾーン専用手鏡。日本の技術"銀引き製法＊"がクリアに映し出し，有害物質ゼロの地球にやさしい品質。ピンクの保護袋付で持ち運びにも便利。自分の目で見る新習慣で快適で輝く毎日を。

＊銀引き製法とは，ガラス面に銀膜を薄く吹き付けていく製法。すべて自動工程で，ゆがみのない良質な鏡ができる。

③ 専門医との提携

　当社は，美容業界の専門家と皮膚科医のコラボレーションのもと，安心安全，高効能を実現している。コラボしている専門医によると，人間の身体はもともと弱酸性であり，特にデリケートゾーンはその中でも強い酸性で守られている。酸を強くすることで，外からの雑菌を殺して，デリケートゾーンを守るわけである。その部分を中性やアルカリ性の洗浄剤で洗ってしまうと，せっかくの酸性が落ちてしまう。また，経皮吸収率が高いエリアでもある。そのため，デリケートゾーンは弱酸性・低刺激の製品でお手入れすることが大切だという。当社の専用ソープやミルクはデリケートゾーンに合わせた弱酸性・低刺激でつくられている。デリケートゾーンのお手入れはまず「見ることから」というのも専門医からのアドバイスであった。

（4）市場開拓に向けて

① 新たな市場の開拓へ向けて

　新たな市場を開拓し，潜在的な需要を顕在化させることが，新ブランドの成功のカギを握る。美容好きが集まる百貨店セレクトコーナー，クリニックに加え，高級ホテルや施設のジム・ウェディング，さらに，自社オンラインという4つの流通をコンバインする形で販路拡大を進めている。特に，ホテルや施設では，他ブランドとの差別化を図り，自社独自の流通を確保する方向性で進め

る戦略を採用している。

② 専門家とのネットワークが強い味方に

　世界展開している化粧品会社の国際部に所属した経験を持ち，世界の有名百貨店におけるブランドにも造詣の深いバルドゥッチ社長であるが，新たな事業を起こすという点では不得手に感じる部分もあったようだ。これを支援してきたのがさまざまな専門家たちである。

　経営革新計画を東京都に承認された後，ベンチャー企業である当社を財務面や知的財産権の面でグッドスタートさせるのに貢献したのは，中小企業診断士によるフォローアップであった。利子補給のある優遇された融資制度を活用することにより，円滑に資金調達を進めることができ，会社名の商標とブランド名の商標の手続きも怠ることなく進めることができた。

　また，若手企業の革新的な事業に対し，さまざまなリソースやネットワークを活用して事業を加速させる支援プログラムの活用によるブラッシュアップも，より効果的でより充実した新ブランドの発信へとつながった。

図表7-5-3　トレスマリアの発表会

第7章　経営革新支援事例

(5) 新たな習慣を根づかせるために

① 母・私・娘へ，温かく伝えていきたい美絆（びきずな）

デリケートゾーンというタブー視されたトピックを，いかに意識を高め，女性が本当に必要な事情を声にだし，解決していくかというところにトレスマリアの意義がある。

そんな前向きな女性の姿勢が，子供たちに伝わっていき，日本全体が明るくなるのではないかとバルドゥッチ社長はいう。「母・私・娘，美絆^{びきずな}の伝承』をコンセプトに，母から娘へ温かく伝えていってほしいと願う当社の目線は，女性が自信に満ち溢れポジティブな生き方が子供に受け継がれ，明るい社会を築くことに貢献することに向けられている。

② プレスイベントの開催を足がかりに

やさしく，すらりとたおやかに咲くシャクヤクのように，2017年5月に発表会を開催し，ブランドデビューした。女性にとって必要なことを女性たちがスピークアウトすることは，明るい未来への第一歩となる。ポジティブで明るい女性が増えれば，子供たちもきっとそうなる。そう考えるバルドゥッチ社長の熱い思いは，高級デリケートゾーン市場の先駆者として当社をさらなる発展に導くであろう。

砂場清掃を新型機導入で効率化した サンドナイス

【企業概要】

企業名	サンドナイス
代表取締役社長	志村 一夫
設立	平成11年10月
資本金	356万円
従業員	1人
本社所在地	千葉県成田市本城54-20
TEL	0476-35-3683
FAX	0476-35-3683
URL	https://www.sandnice.jp
業務内容	砂場清掃サービス・関連資材卸売業

（1）子供たちの成長の場，砂場の環境を守る新型専用機械の開発

① 砂場は子供たちの創造力や社会性を育む

　子供の創造力の育成は砂場でお山やトンネルを作ったり，壊したり，喧嘩したり，仲直りしたり，砂まみれになって夢中で遊ぶことで育まれる。同時に社会との関わりを学ぶ場となっている。

② 砂場環境はペットの糞等で汚染が進む

　今の砂場は空き缶，ガラス片，犬猫の糞などで汚染されていることも多い。子供の爪から，雑菌やばい菌が入り，特にペットの糞は回虫の卵がある可能性もある。爪からの感染を恐れて子供に砂場遊びをさせない親が増加している。

③ 砂場の環境を守るため効率のよい砂場専用篩機を開発

　しかしながら，手作業で砂を篩い，汚染物質やゴミ等を除去することは人手と手間がかかり，厳しい条件での清掃作業が必要となる。そこで，多くの砂場の環境を守るために，効率よく作業ができる砂場清掃専用篩機の開発が期待されていた。このニーズに応え，耕運機を改良し，オリジナル砂場専用篩機の開

図表7-6-1　自社開発したオリジナル砂場専用篩機

出所：サンドナイスのパンフレット

発に至った。

（2）砂場専用篩機の開発・導入により砂場清掃作業効率を大幅に向上

① 新型機導入前の清掃は人員・コストの負担が大きい

これまでの砂場清掃はスコップで砂を掬い、手振りの網で振るい落とす、人手作業が中心であった。肉体的な負担が大きく効率的でない。また、建設現場で使用される大型機の使用は車両運搬等コスト負担が大きく、瓦礫は除去できても小さなゴミや軟らかい糞は除去できなかった。

② 技術的課題は社長のノウハウで解決

機械メーカーに長年勤務していた志村社長は機械の改良に対する多くの経験があり、砂場の小さなゴミや、軟らかい糞を除去するための工夫を重ねてきた。編み目の小さい5ミリの篩かごが効果的であり、繰り返し改良を続けた。しかし編み目が小さいと砂やゴミがすぐ目詰まりし、作業ができなくなるため、連続的に網を振り、振幅が大きく、速い往復運動に加えて断続的にショックを与える上下運動を組み合わせたクランク機構が必要だった。その機構にローターや爪の大きさ、その設置位置を工夫し、砂だけを落とし、ゴミ、糞は網に残すことに成功した。

また、砂場の際まで砂を掬うために、タイヤまわりにも工夫をして特殊な部

品を開発した。操作性，耐久性についても，砂場清掃サービス専門業だからこそわかる現場での知恵と工夫を繰り返して製品化にこぎつけた。

③ 販売するための条件を一つ一つ整備

専用機は耐久性や操作性，作業効率を改良したノウハウが詰まっている。そこで知的財産として，特許出願により権利保護も併せて進めた。PCT・国際特許制度への出願（米国特許取得）や機械名称「すなっぴー」の商標登録も取得した。さらに購入者への取扱説明書，販売代理店との契約交渉等，自ら販売のための条件を一つ一つ進めてきた。

(3) オリジナル開発機により各業界から反響と期待が拡大

① 砂場専用篩機として順調な滑り出し

全国の自治体，幼稚園，小学校から多くの問い合わせがあり，専用機を使っ

図表7-6-2　専用機と篩機構

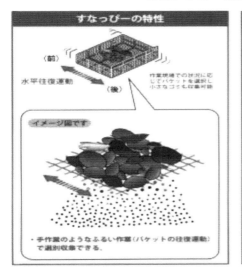

出所：サンドナイスのパンフレット

た後に，砂場の清潔な仕上げに感謝の声も頂戴している。海外からの問い合わせもあり，ニーズや反響も大きいことがわかった。平成27年度千葉ものづくり認定製品に認定され，「千葉日報」および「千葉テレビ」でも紹介された。平成28年に千葉県商工労働部経営支援課の発行である「チャレンジ企業ちば」で元気な企業として紹介されている。また，全国放送でも取材の依頼が来ている。

図表7-6-3　当社の砂場清掃篩機と他の方法との比較

比較項目	当社開発機	手篩，掬い	他の機種
作業時間 20㎡基準	深さ20cm以上，作業に90分（網目5〜10mm籠を使用）	深さ15cm前後。人数によるが2時間くらい	作業時間は早いが（60分くらい）網目が大きく（10mm以上）深さが浅い（15cm前後）
完了品質	ふかふか状態が深く，評判よい	良好だが，砂場が広いと質が落ちる	見た目はよいが，深さは浅く小さいごみは残る
耐久性	使用状態によるが，弊社使用で5年以上	体力上の負担が大きく，比較は現実的でない	早くから故障になることが多い
糞，異物除去	小豆大のごみを除去	左に同じ	10mm以下の小さいごみや，柔らかい糞は除去不可

② 砂場篩専用機から多用途に拡がり

当社がオリジナル開発した専用機を，東日本大震災時に畑に瓦礫が入ったことで困っていた農家に一定期間貸し出したところ，畝形成に効率がよく，そのまま種を植えることができると好評を得た。これを機会に，土の中にある根を残すとカビが生えるネギの根を除去できることに関心を示した農業団体からも問い合わせがあった（雑草根まで除去）。ほかにも，海浜ビーチおよびゴルフ場のバンカーの清掃用としても関心が高く，多くの問い合わせが舞い込んできている。

それぞれの場所に応じた条件により，篩かごや，ローター等の部品を取り替えることで多用途に活用できる点もビジネス機会を拡大している。

図表7-6-4　千葉ものづくり認定製品認定証

図表7-6-5　篩機での作業（雑草除去）

③ 抗菌砂散布により砂場の環境をさらに改善

　オリジナル専用篩機で清掃をすれば砂場環境は十分改善するが，加えて清掃後の環境衛生維持を長持ちさせるために光触媒による抗菌砂を散布することが有効となる。殺菌作用，悪臭分解，腐敗物の分解作用，アレルギー症原因物質の分解等，自浄作用を強化した抗菌砂により，砂場清掃後の良好な状態を長く保つことができる。抗菌砂の販売で，経営面でも相乗効果が期待できる。

図表7-6-6 販売経路の概要

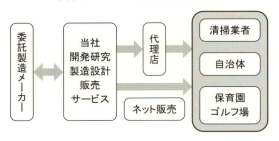

(4) 市場開拓に向けて
① 販路開拓とアフターサービス体制について
　オリジナル砂場専用篩機の安定的な販売のためには自治体市町村，幼稚園，保育園，小学校へのPRに加えて砂場清掃業者，海水浴場関係者，農業関係者への広告宣伝，販売促進が必須となる。光触媒抗菌砂と合わせて，各関係団体，代理店へ効率的な営業活動をしていくことが売上増加に最も効果が高い。同時に，アフターサービスネットワーク網も販売代理店を活用できることから一石二鳥となる。

② 専門家の活用や人脈により市場開拓に取り組む
　当社は，多くの専門家の協力を得て課題を解決してきた。主なものは，特許権の申請，経営革新計画の申請承認，各種補助金の申請採択，チラシ，ホームページ作成，わかりやすい取扱説明書などがある。農業関係者，学校関係者，ゴルフ場関係者への営業活動も人脈や紹介を得て取り組んできた経緯がある。

(5) 後継者へと引き継がれ，新たなビジネスの開発は続く
① 開発意欲と現場での実践こそ成長のポイント
　機械に対する社長の造詣の深さと熱意により開発機の改良が進み，新たな用途開発を実現してきた。現場で培った実践の繰り返しが大きな要素となっている。加えて，社長を支えるご子息である専務と二人三脚により，研究開発と営

図表 7-6-7　社長と後継者

業・現場作業の役割を分担してきた。今後も開発，改良の意欲が続き，専務へと事業継承され，成長を続けていくことになる。

② 中小企業診断士をはじめ外部協力者の活用により躍進

助成金の活用による専用機開発，中小企業診断士による経営革新計画承認支援，特許申請，商標登録，ホームページ作成等，多くの外部協力者，とりわけ中小企業診断士による経営課題の抽出，提案を経営に取り入れてきた。課題解決に取り組み，業績を上げていく姿は，他の多くの中小企業者の模範となっている。

7 e-SHINBUNで社員が元気に
㈱ビジネス・インフォメーション・テクノロジー

【企業概要】

企業名	株式会社ビジネス・インフォメーション・テクノロジー
代表取締役社長	山口 幸雄
設立	平成13年4月
資本金	9,100万円
従業員	163人（平成29年）
本社所在地	東京都台東区東上野6-1-7MSKビル3F
TEL	03-5830-1733
FAX	03-5830-2591
URL	http://www.b-it.co.jp
業務内容	ソフトウェア開発受託他

（1）インターネットを活用した新事業を立ち上げ

① 24時間，365日の保守体制で多くの実績

株式会社ビジネス・インフォメーション・テクノロジーは，2001（平成13）年創業後，「業務アプリケーションの開発，システム保守」「システムインテグレーション」「ネットワークソリューション」等のシステム開発事業をコア事業として，ITインフラ整備，運用等，多岐にわたって展開してきた。

当社の強みは，顧客に対してワンストップでITまわりの全般サポートを提供できることや24時間，365日の保守サービス体制でサポートできることであり，その強みにより着実に取引先を拡大してきた。

② 新聞・出版業界の電子出版の流れ

新聞・雑誌・出版業界は，電子化への取組みが加速している。特に，新聞業界は各社ともWebニュース等に押されて年々発行部数が減少傾向にある。電子化への移行は，経営規模が比較的小さい企業が多い専門紙，業界紙においては，コスト面，人材面の両面から自社単独でのネット配信の導入・運用等，電子化へ対応することが困難と聞いている。

さらに，経済産業省特定サービス産業実態調査によると，東京における出版業の割合は77％を占め，新聞・出版業は，東京の地場産業ともいえる産業である。地場の産業を守るという観点からも支援すべき事業であると理解している。

③ 専門紙の電子出版サイト構築がきっかけ

　当社は，前々から強みを活かす，新しい事業を立ち上げたいと考えていた矢先，専門紙の電子出版サイトを構築したことがきっかけで，新しい事業を立ち上げることになった。

　新聞・雑誌・出版業界に押し寄せる大きな変革の波を前にして，電子化への移行は，当社の技術を活かすチャンスであると判断した。当社の持つノウハウを活かして即時性，利便性を備えた新しい形のネット新聞で，専門・業界新聞支援を行うことを決心した。既存事業で培ってきた技術が，このネット新聞に活かされると確信した。

　すなわち電子出版に必要な，各紙のポータル化，課金方法の提供，顧客データベースの構築運営，データベースプロテクト，パソコンからスマートフォンまでの各種情報端末の適用，IT機器に対応したシステム開発，クラウド化によるスピーディーでプロテクトされたシステム開発，バックナンバー管理等各種機能に，当社のノウハウが適用されている。

　その計画の実現と当社事業の社会性を高めるため，経営革新計画が最適であると判断し，申請に至った。

（2） コンビニで24時間，新聞，専門紙が受け取れる

① e-SHINBUNとは

　e-SHINBUNは，日刊紙，公営競技，趣味，専門紙を掲載した電子新聞を購入できるサイトで，パソコンやスマートフォン，タブレットで環境を選ばず，すぐ電子新聞を見ることができるサービスである。図表7-7-1にe-SHINBUN発行の流れを示す。

eプリントサービスは，シャープマーケティングジャパン㈱が設置提供するコンビニエンスストアに設置されたマルチコピー機を利用して，地方紙や業界紙等を受け取れるサービスである。読者は，自宅や外出先でどこよりも早く閲覧することができるとともに，全国約31,000店舗のコンビニで印刷して手に入れることができる。2017年11月現在，ローソン，ファミリーマート，サークルK，サンクス全店で取り扱っている。

図表7-7-1　e-SHINBUN発行の流れ

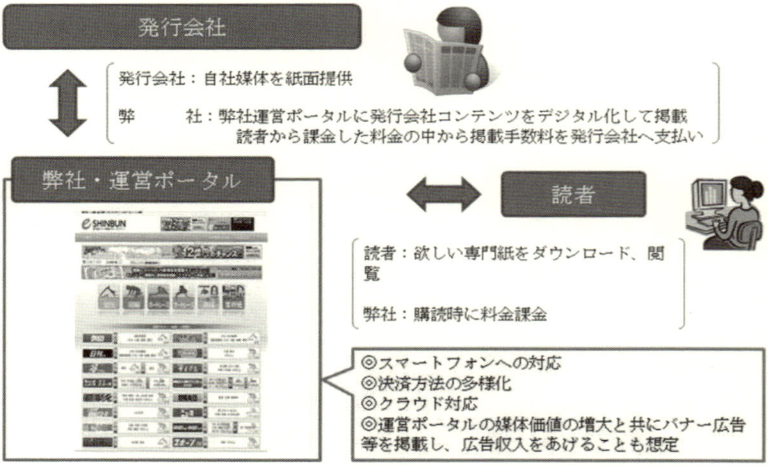

② e-SHINBUN，eプリントサービスの仕組み

　新聞社（業界紙等）の紙面をPDF処理し，電子配信のプラットフォームに掲載し，会員となった読者へ欲しい新聞を配信する。

　同時に，一般のお客様へ，全国のコンビニエンスストアからプリントサービスが可能となる（図表7-7-2参照）。

　システムは，閲覧，ダウンロードのスピードアップ，セキュリティ機能の強化等の特長がある。24時間365日体制でサポートする体制も整えている。

　また，初期導入費が負担できない新聞社に対し，初期導入費をなくし，一部

図表7-7-2　プリントサービスの流れ（例　地方紙）

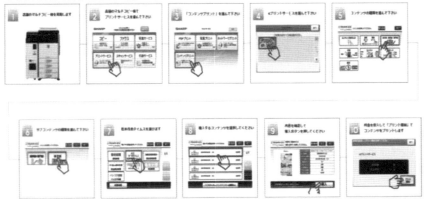

売上を分配する方式（レベニューシェア）を採用することでイニシャルコストゼロを実現した（図表7-7-3参照）。

図表7-7-3　eプリントサービスビジネスモデル

③ 300以上の新聞，専門紙を提供

現在，最初にご相談をいただいた専門紙である「勝馬」「ケイシュウ」等の競馬予想紙や，「中日新聞」等地方紙，「日商簿記」の検定試験問題をはじめ300以上のコンテンツを配信している。

（3）経営革新計画承認で，会社が元気になる

① e-SHINBUN新事業への期待

経営革新計画でe-SHINBUN新事業の承認を取るにより，営業活動において当社の強みとして紹介することで，自社の信用度が上がることを期待した。また，新事業を計画することにより，今後の課題，目標（数値）が明確となり，今後の方向性を示すものとなった。さらに，金融機関からの融資や専門家のフォローアップ等，承認企業への支援策も魅力であった。

② 従業員がやる気になった

当初の新事業の売上規模は，1,000万円程度であったが，4年で30倍以上の規模，約4億円に成長した。ボートレースの好きな顧客からは，「出走表がすぐに手に入る，こんなサービスを待っていたよ」と感謝の言葉をいただいた。また，コンビニからの操作方法の問い合わせも多く，社員は，今までパソコンだけで仕事をしていて，人を相手にすることが苦手の社員が多かったが，徐々にコミュニケーション力が高まったことも大きな成果である。さらに山口社長は「東京都の経営革新優秀賞の獲得（2017年）が，大きな刺激となり，従業員がやる気になったことが大きな成果」と話されている。

③ ローカルメディア，ニッチメディアの活性化支援

各地の専門紙は，地域の情報メディアとして貴重な機能が期待されているが，近年媒体が減少するなか，電子化の取組みが救世主になる。ローカルメディア，ニッチメディアとして専門紙，業界紙の活性化への貢献が期待される。

図表7-7-4　出走表のプリントサービス

(4) さらなる拡大に向けて
① 認知度の向上がカギ

　インターネットを活用した，e-SHINBUN新事業は，地方紙や予想紙を中心に，部数を伸ばしているが，まだまだ一般的には，知られていないサービスである。

　このe-SHINBUN事業は，コンシューマーをターゲットにするビジネスであり，コンシューマー向けの広告メディア（テレビ，ラジオ等）やSNSを活用し，今後の認知度向上に向けての情報発信がカギとなる。

② 魅力あるキラーコンテンツの開拓を

　現在，コンテンツは300以上に及ぶが，さらなるコンテンツの拡大を目指している。将棋・碁，つり等の趣味性の高い新聞，自治体発行の広報誌，地方紙，ビジネス専門紙等に加え，手に入りにくい，キラーコンテンツの開拓が望まれる。

(5) 海外の新聞がすべてのコンビニで受け取れるようにする
① 世界の新聞への取組みで夢が拡がる

　在日外国人の中には，世界の新聞，雑誌をいち早く，読みたいと思う読者も

あり，世界の新聞等のコンテンツの開拓が望まれる。世界の新聞等も同じ仕組みで実現するため，グローバルに事業の夢が拡がっていく。

② すべてのコンビニで受け取れる

現在プリントサービスできる店舗は，シャープ㈱製のプリンタを導入しているコンビニエンスストアグループに限られるが，他のプリンタを導入しているコンビニエンスストアグループも開拓し，標準的なサービスに拡大していくことが今後の課題となる。

（6）中小企業診断士のサポート

今後も，コンテンツの拡大，補助金の活用，展示会での認知度の向上等，事業拡大に向けてさまざまな課題へのアドバイスやサポートを行っていく。

付属資料

要素整備度のツール集

要素整備度ツール No. と掲載箇所・図表 No.

要素整備度の ツール No.	掲載箇所・ 図表 No.	図表タイトル
ツール 3-1	本文図表 1-5	総合診断見極めテーブル
6	本文図表 3-19	プロジェクト体制図
15-1	本文図表 2-4	経営系とIT系のギャップ克服法（ミキサー方式）
16	本文図表 2-2	ミーコッシュ式マネジメントサイクル
18	本文図表 2-5	経営革新プロセス間のギャップ克服法（シールド工法）
22	本文図表 2-6	組織トップとロワー間の意識のギャップ克服法
23	付属資料 1	組織のスラブ化解消ツール
24	付属資料 2	組織のサイロ化解消ツール
25	本文図表 2-1	MMM メソッドキューブ Ver11.7
28	付属資料 3	PEST 分析
28-1	本文図表 2-13	STEEP 分析
29	本文図表 2-14	業界関係分析
30	本文図表 2-15	ファイブ・フォース分析
31	付属資料 4	アンゾフの市場 / 製品マトリックスツール
32	付属資料 5	PPM（ポートフォリオ・マネジメント）
35	本文図表 2-16	クロス SWOT 分析
36	付属資料 6	3 次元ドメイン分析 / ポジショニングマップ
37	本文図表 2-7	MMM メソッド全体構成
38	本文図表 3-5	要素整備度レーダーチャート
39	本文図表 3-11	ABC 手法による 2 次期待効果算出例
40	本文図表 3-10	物流業務革新による IT 投資期待効果
41	本文図表 3-1	期待効果を算出する 5 つの手法
45	本文図表 2-18	RFP（提案依頼書）の要求内容
52	本文図表 2-21	障害報告作成ツール
76	本文図表 1-2	企業ドック／MMM メソッド総合診断
77	付属資料 7	企業のライフサイクルと経営状況
79	本文図表 2-3	経営革新で生じやすい 5 つのギャップ
81	付属資料 8	3C 分析
81-1	本文図表 2-17	4C 分析

ツール 82	付属資料 9	コアコンピタンス
85	付属資料 10	動機づけの如何が業務遂行に及ぼす影響
86	付属資料 11	人間の欲求と満足要因・不満要因
95	付属資料 12	アジャイルソフトウェア開発ツール
96	付属資料 13	SOA（サービス志向アーキテクチャー）
98-1	本文図表 1-6	ミーコッシュ戦略ビジョン策定ツール
120	本文図表 2-23	メラビアンの法則
121	本文図表 2-10	組織構造
122	本文図表 2-9	組織デザイン
132	付属資料 14	ITミーコッシュ革新KPI
134	本文図表 3-12	ITミーコッシュマネジメント要件
148	付属資料 15	満足度調査（モラールサーベイ）
162	付属資料 16	バランススコアカードの業績評価指標
165	本文図表 3-7	物流ABCの計算構造概念
167	本文図表 3-8	ABCの計算手順
168	本文図表 3-9	リソースドライバー一覧表
169	付属資料 17	業績評価
193	付属資料 18	テーチングとコーチングの違い
200	付属資料 19	共感のテクニック
204	付属資料 20	組織の活性度判定
217	本文図表 2-19	契約形態とリスクの関係
219	本文図表 2-36	業務ソフトウェアの例
226	本文図表 2-28	携帯電話の高速通信規格 Ver3
237	本文図表 3-2	MMMメソッド診断の体系
238	本文図表 1-1	MMMメソッド経営革新手順
247	本文図表 1-9	呉服店のビジネスモデル（To-Be）
〃	本文図表 7-1-1	〃
248	本文図表 1-10	現状購買（買掛）業務（As-Is）
249	本文図表 1-11	革新購買（買掛）業務（To-Be）
258	本文図表 2-26	チェーンストア統一伝票
259	付属資料 21	伝票区分・相殺区分名称定義
263	本文図表 2-11	人材活性化プログラム

ツール 272	本文図表 2-20	ウォーターフォール型とアジャイル型開発の比較
277	付属資料 22	革新コミュニケーションウェア（標準版）
304	付属資料 23	セキュリティソフトウェア
305	付属資料 24	コミュニケーションソフトウェア
315	本文図表 1-8	呉服店のビジネスモデル（As-Is）
315-7	付属資料 25	子宮がんから守る血液洗浄水ビジネスモデル
336	本文図表 2-31	知的財産の全体構造
373	付属資料 26	商店街事務所と顧客データベースの棲み分け
347	本文図表 3-15	仕入先別貢献度表
380	本文図表 3-16	商品管理報告書
411	本文図表 2-24	コミュニケーションウェア（商慣行3分の1ルール例）
413	本文図表 3-18	Online to Offline ビジネスモデル
416	本文図表 2-25	EDI運用規約の項目
417	本文図表 2-27	通信規約の例（流通BMS）

(付属資料1）ツール23　組織のスラブ化解消ツール

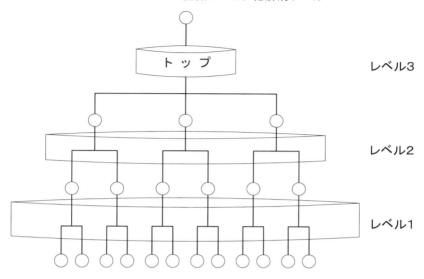

組織の階層化が進むと、組織の上下の意思疎通を阻害する要因になることを
スラブ化現象という。

・上層と下層の間がスラブ(床)となる現象のこと

・スラブは図のように階層レベル間の横割のことで

・ボトムアップにおいてレベル1ではレベル2を切り離し、
　レベル2はレベル3を切り離す現象のこと

・トップダウンの命令では存在しない

・よって、時としてボトムアップ企業であってもトップダウン方式
　でスラブ化を防ぐことが肝要となる。

(付属資料2) ツール24　組織のサイロ化解消ツール

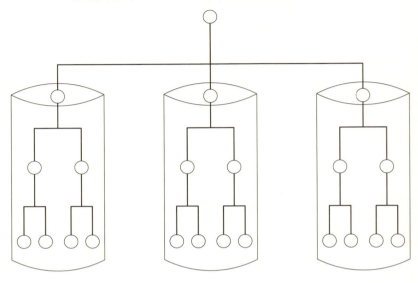

組織が縦割になっていて、他との連携を持たず、自己中心的で孤立していることをサイロ化現象という。

　　サイロは通常調達・生産・技術・物流・販売などの機能別縦割になっている場合に生じる。
　　ストリンガー氏がソニーのCEOに就任したときの会見で、「組織がサイロになっている」とコメントしたことでもよく知られている。
　　これを防止するためには委員会組織、マトリックス組織、CFT(クロスファンクションチーム)、プロジェクト組織等を活用することによって、サイロに風穴をあけることができる。

(付属資料3) ツール28　PEST分析ツール

①PEST(外部環境要因)分析

環 境 要 因	内　　　　容
政治的環境要因 (Politics)	税制や会社法などの企業経営全般に対する法制度変化、特定事業規正法など特定業界・業種に限定される法令の変化、国内外からの圧力による規制緩和やセーフガード発令など
経済的環境要因 (Economic)	マクロ経済の変化。GDP年間成長率の経年変化や公定歩合推移、地価動向など全業種に影響を与えるものと、消費者物価指数、民間設備投資動向、人口動態変化など業界ごとに特に重要な要因の双方に注意
社会的環境要因 (Social)	人口構成の変化、ライフスタイルの変化や流行、環境指向などの社会ムーブメントなど、その業種・業界に関連が深い社会的なトレンド傾向や状況を検討
技術的環境要因 (Technology)	ITの進展や新たな基盤技術の開発、生産管理技術や販売管理面での技術的な進展など、業種・業界全体に影響を与えると思われる技術面での革新状況を検討（新製品や代替品のようなミクロの変化ではない）

出所：株式会社KPMG FAS編『戦略的デューデリジェンスの実務』中央経済社、p.108

【ポイント】

経営革新、IT構築戦略、企業再生等においては、外部環境の影響を受ける。
その場合の視点としてPEST分析によって分析する方法がある。

(付属資料4) ツール31　アンゾフの市場／製品マトリックスツール

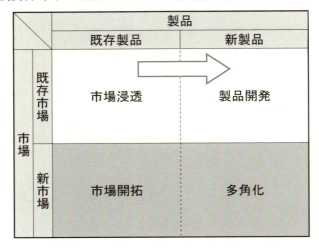

イ. 市場浸透戦略
　既存のマーケットにおいて既存の製品の成長を維持する戦略である。

ロ. 市場開拓戦略
　新しいマーケットにおいて、既存製品を展開し、成長を図る戦略である。

ハ. 製品開発戦略
　既存の顧客に対して、新製品を開発し販売することにより成長を図る戦略である。

ニ. 多角化戦略
　新製品を新しいマーケットに導入し、事業領域の拡大を通じて成長を図る戦略である。

(付属資料5）ツール32　PPM（ポートフォリオ・マネジメント）

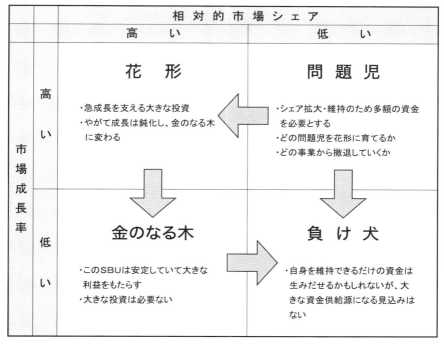

出所：ボストンコンサルティンググループ

事業ポートフォリオの設計：企業の強みと弱みを、おかれた環境の中の市場機会に最もよく適合させること。

① 現在の事業ポートフォリオを分析し、どの事業に対して投資を増やすか、減らすか、やめるか
　を決定すること。
② 製品や新事業をポートフォリオに加えるための成長戦略を策定すること。

SBU（Strategic business unit）：企業内の一単位で独自の明確な使命と目的を持ち、他の事業とは独立した戦略計画を立てられる。事業部であったり、事業部内の製品ラインであったり、単一の製品あるいはブランドであったりする。

出所：『コトラーのマーケティング入門』ピアソンエデュケーション

（付属資料6）ツール36　3次元ドメイン分析/ポジショニングマップ

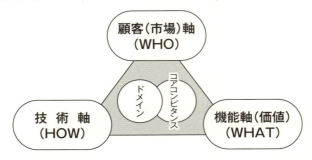

＊どのような技術、ノウハウで事業を行うか　　＊どのような機能(価値)、を顧客に提供する事業なのか

資料：Darecom HPより加筆修正した

具体的な事例

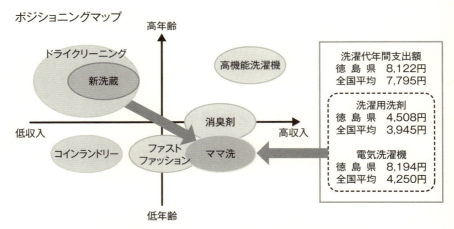

＊ドメインとは活動領域：事業領域：生存領域等といわれているもので、企業などの組織が対象とする事業の広がりのことを意味する。

202

(付属資料7）ツール77　企業のライフサイクルと経営状況

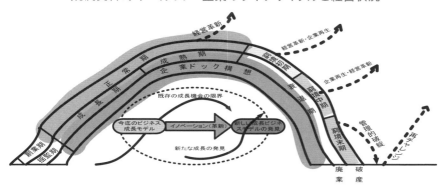

企業衰退の5段階

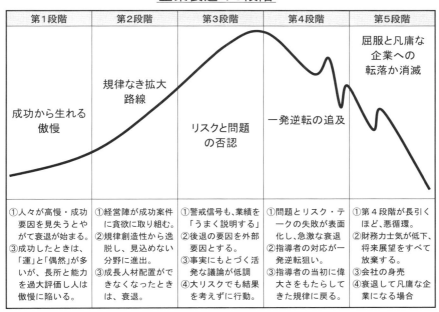

第1段階	第2段階	第3段階	第4段階	第5段階
成功から生れる傲慢	規律なき拡大路線	リスクと問題の否認	一発逆転の追及	屈服と凡庸な企業への転落か消滅
①人々が高慢・成功要因を見失うとやがて衰退が始まる。③成功したときは、「運」と「偶然」が多いが、長所と能力を過大評価し人は傲慢に陥いる。	①経営陣が成功案件に貪欲に取り組む。②規律創造性から逸脱し、見込めない分野に進出。③成長人材配置ができなくなったときは、衰退。	①警戒信号も、業績を「うまく説明する」②後退の要因を外部要因とする。③事実にもとづく活発な議論が低調④大リスクでも結果を考えずに行動。	①問題とリスク・テークの失敗が表面化し、急激な衰退②指導者の対応が一発逆転狙い③指導者の当初に偉大さをもたらしてきた規律に戻る。	①第4段階が長引くほど、悪循環。②財務力士気が低下、将来展望をすべて放棄する。③会社の身売④衰退して凡庸な企業になる場合

参考：ジム・コリンズ『ビジョナリー・カンパニー』日経BP社

(付属資料8) ツール81　3C分析
(戦略的ポジショニング・CSFの創出法)

3 C		戦略的ポジショニング・CSF 成立条件
顧 客 (Customer)	戦略的ポジショニング	ターゲット顧客に受け入れられる
	CSF	顧客のニーズに応えるためには? 市場の成長性を的確に把握するには?
競 合 (Competitor)	戦略的ポジショニング	競合相手との差別化
	CSF	参入障壁を高めるには? 競争優位性を確保するには?
自 社 (Company)	戦略的ポジショニング	自社の組織・文化・諸資源の適合
	CSF	技術力や販売力を高めるには? 収益性を向上させるには?

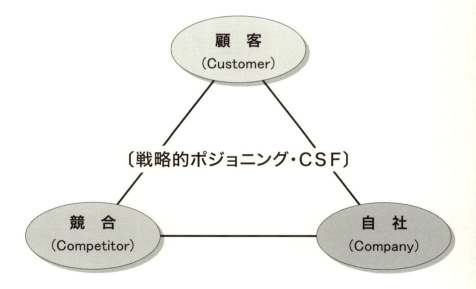

(付属資料9) ツール82　コアコンピタンス

コアコンピタンス(核となる能力)：競合他社に真似のできない核となる能力のことを指す。
顧客に特定の利益をもたらす技術、スキル、ノウハウの集合体。
提唱：ゲイリー・ハメルとCKプラハラード(1990年)

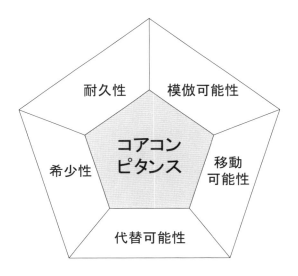

コアコンピタンスを見極める場合
①模倣可能性(Imitability)
②移動可能性(Transferbility)
③代替可能性(Substitability)
④稀少性(Scarcity)
⑤耐久性(Durability)

の5つの点について考える必要がある。どの要素が有効かは、市場環境や競争環境によって異なり、また一旦築いた競争優位も、市場環境の変化とともに、陳腐化する恐れがあるため、継続的な投資やコア・コンピタンスの再定義、新たな能力などの努力が必要となる。

出所：MBA用語

(付属資料10) ツール85　動機づけの如何が業務遂行に及ぼす影響

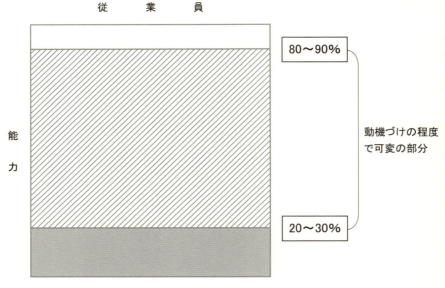

『能力の2割〜3割程度を使うだけで
労働者がクビにならないで仕事を
維持することができる。』

（付属資料11）ツール86　人間の欲求と満足要因・不満要因

満足要因と不満要因

動機づけ要因

不満	要因		誘　因（動機づけ要因）

不満 ← 要因 | 誘　因（動機づけ要因）

達　成
責　任
仕事そのもの
承　認
昇　進
対人関係―上役
監督技術
会社政策と経営
給　与
作業環境

-40%　-30%　-20%　-10%　0　10%　20%　30%　40%

ハーズバーグ博士

人間の欲求

自己実現の欲求

独立の欲求
自我の欲求
自尊心に関する欲求

社　会　的　欲　求

安全・安定の欲求

生　理　的　欲　求

動因（欲求）

マズロー博士

付属資料　要素整備度のツール集　**207**

(付属資料12) ツール95　アジャイルソフトウェア開発ツール

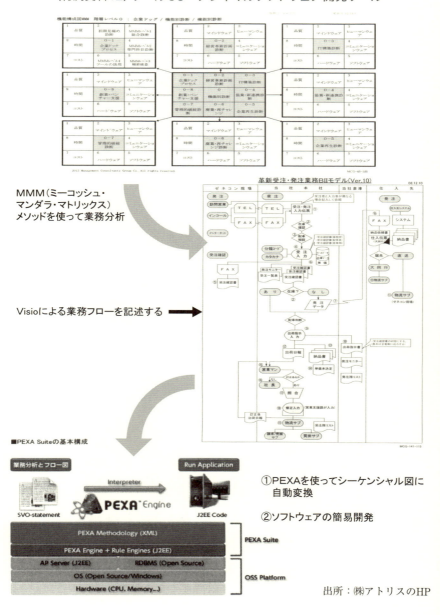

MMM（ミーコッシュ・マンダラ・マトリックス）メソッドを使って業務分析

Visioによる業務フローを記述する

①PEXAを使ってシーケンシャル図に自動変換

②ソフトウェアの簡易開発

出所：㈱アトリスのHP

（付属資料13）ツール96　SOA（サービス志向アーキテクチャー）

SOAに基づいたシステム構成の例

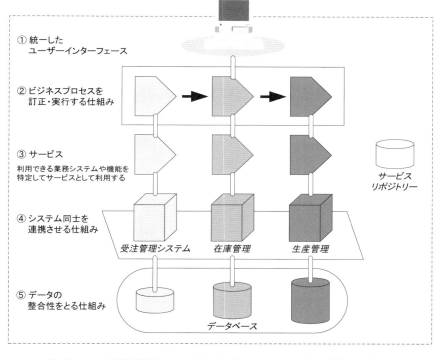

1. 定　　義　：大規模な情報システムを部品化（モジュール化）した構造で設計する手法
2. 目　　的　：ITが環境変化に対応できるように解決する概念
3. 背　　景　：①グローバル化　②技術革新　③規制緩和や法規則の強化
　　　　　　　④雇用の流動化　⑤M＆Aの台頭
4. ポイント　：①素早い経営判断　②ニーズに対応したビジネス目標
5. 解決等　　：①利用できる業務システムや機能を特定して、サービスとして利用する
　　　　　　　②システムをサービスとしての部品化
　　　　　　　③部品の置き替で迅速に対応
6. 実現ツール：①統一した操作性を提供するユーザーエンターフェイス
　　　　　　　②ビジネスプロセスを記述・実行する仕組み
　　　　　　　③定義したサービスの情報を格納するリポジトリー（共通の情報保管庫）
　　　　　　　④サービス同志を正しく連携させる仕組み
　　　　　　　⑤各システムのデータの整合性を取る仕組み

出所：「日本経済新聞」（2007年7月25日）を参考

（付属資料14）ツール132　ITミーコッシュ革新KPI

①	経営目標（KGI）	
②	社長の思い入れ	
③	新戦略	
④	最たる強み	

【マネジメント要件】	【 具 体 策 】
考え方革新 （経営基本・戦略ビジョン革新）	
仕組み革新 （BPR・情報活用革新）	
約束ごと革新 （EDI・ネットワーク革新）	
ソフトウェア革新 （プログラム革新）	
ハードウェア革新 （機器革新）	

(付属資料15) ツール148 満足度調査（モラールサーベイ）

「職場に関する調査」調査結果（個別指数・全体指数の比較）
――：個別指数（当社の調査結果）
――：全体指数（過去95社6,765人の調査結果）

分類	質問項目	個別指数	全体指数
方針の徹底	①会社の経営方針を知っているか	-0.67	-0.29
	⑥職場の目標や計画は説明されているか	0.63	0.23
	⑩仕事が目標達成に役立っていると思うか	0.77	0.67
	⑮意見や提案は職場の改善に反映されていると思うか	-0.30	-0.31
組織運営	⑪仕事や職場のルールを上司が説明してくれるか	0.33	0.12
	②仕事に関して上司の指示は的確に行われているか	0.29	0.05
	⑦仕事の指図で誰に従ってよいか困る時があるか	0.21	0.34
	⑫会社の規則やルールはこれでよいと思うか	-0.38	-0.43
	㉘現在の仕事は能力や性格に適していると思うか	0.21	0.09
	⑲仕事の範囲や責任が明確になっていると思うか	0.07	-0.13
	㉑小集団活動や提案活動が活発に行われているか	-1.50	-0.54
	⑤職場のマナー、規律を守っているか	1.09	0.78
	㉗いきいきと活気に満ちた職場だと思うか	0.05	-0.38
コミュニケーション	③上司は信頼して仕事を任せてくれるか	0.56	0.50
	⑨あなたは仕事上、上司を信頼しているか	0.37	0.45
	④上司は個人的な相談相手になってくれるか	-0.36	-0.08
	⑭職場には自分の意見を率直に話せる雰囲気があるか	-0.37	-0.08
	㉔他の職場との協力はうまくいっていると思うか	-0.58	-0.51
	⑳仲間の失敗や成功を自分のことのように思うか	-0.02	-0.02
	⑧技術等が向上するよう上司は気を配ってくれるか	0.05	0.07
	㉓会社は社員教育に力を入れていると思うか	-0.29	-0.43
処遇	⑯給与や賞与は同僚に比べて公平だと思うか	0.50	-0.20
	⑰会社は仕事の実績を正当に評価していると思うか	0.39	-0.20
	⑱昇進や昇格の機会が適切だと思うか	-0.44	-0.36
	㉕あなたの職場では休暇は気安く取れるか	-0.33	-0.14
	㉖あなたは会社の福利厚生に満足しているか	-0.50	-0.57
満足度	㉚今後ともこの会社で働き続けたいと思うか	0.38	0.29
	㉒仕事の将来や経営に安心感を持っているか	0.00	-0.24
	㉙会社の動向に関心を持っているか	0.16	0.27
	⑬仕事にやりがいを感じているか	0.49	0.17

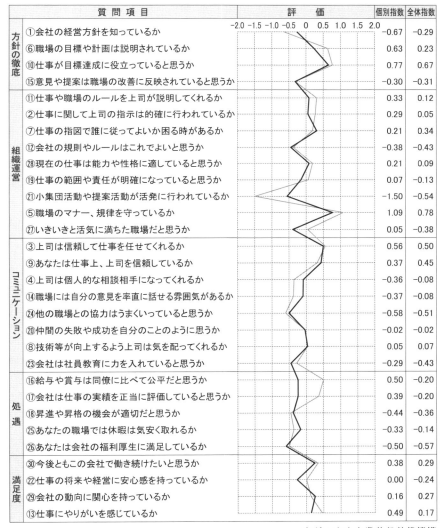

出所：中小企業基盤整備機構

（付属資料16）ツール162　バランススコアカードの業績評価指標

	No.	項目	現状	期待値	期待効果
従業員成長の視点　業績評価指標	1	従業員の生産性 ＝ $\dfrac{粗利益高}{従業員数} \times 100$			
	2	売上高対人件費率 ＝ $\dfrac{役員(店主)給料手当＋事務員・販売委員給料手当＋福利厚生費}{純売上} \times 100$			
	3	従業員満足度 ＝ 従業員満足度調査表による調査			
	4	従業員提案件数伸び率 ＝ $\dfrac{今年提案件数}{従業員数} \times 100$			
	5	従業員1人当り機械装備額 ＝ $\dfrac{有形固定資産}{従業員数}$			

（付属資料17）ツール169　業績評価

事業部長・課長・担当者業績給算定マトリックス

```
┌──────────────┐
│ ボーナス第一次 │
│ 査 定 総 額 確 定 │
└──────────────┘
```

担当者査定②　事務機、資材、情報システム、特販部

			X 軸 査 定			
			全体査定	事業部査定	担当者	合　計
			10%	40%	50%	100%
Y軸査定	粗利査定	40%	4%	16%	20%	100%
	回収率	20%	2%	8%	10%	
	労働分配率	20%	2%	8%	10%	
	売上達成率	10%	1%	4%	5%	
	上司査定	10%	10%			

```
┌──────────────┐
│ ボーナス第二次 │
│ 査 定 額 │
└──────────────┘
        ×
   出・欠勤係数　　実出勤日数－〔（早退回数＋遅刻回数）÷3〕
                  ─────────────────────
        ‖              出勤すべき日数
   業 績 給 総 額
```

＊服務規定評価を設定する。

（付属資料18）ツール193　テーチングとコーチングの違い

	ティーチング Teaching	コーチング Coaching
目　　的	正解を教える	自分で解決できるように支援する
解決の主体者	ティーチャー （上　司）	クライアント （部　下）
方　法　論	ティーチャー （上司のやり方）	クライアント（部下）個々のやり方
正解のありどころ	ティーチャー（上司）の中	クライアント（部下）の中
コミュニケーションの方向性	一　方　通　行	双　方　向

・共感とは、相手の関心に感心を持つことである。
・共感とは、「相手の目で見、相手の耳で聞き、相手の心で感じること」である。

出所：岩井俊憲『アドラー心理学によるカウンセリングマインドの育て方』コスモスライブラリー

（付属資料19）ツール200　共感のテクニック

「寓話」・・・「町の愚か者と迷子のロバ」

・ロシアのある小さな町の自慢は、たった一匹のロバだった。
・どういうわけか突然いなくなって、町中が大騒ぎになった。
・町の長老たちの秘密会議(3日3晩行われたた)・・・・理論上の動機と原因は何か
　　どうすればロバを見つけられるかを真面目くさって話し合った。・・・・解決策見出せず
・町の愚か者が迷子のロバを見つける
　　「ロバがいなくなったと聞いて、私はロバの小屋に行き、ロバと同じように壁に向かって立ってみました。
　　そしてロバになったつもりで、私だったら、小屋を抜け出してどこへ行くだろうかと考えてみたのです。そ
　　れからその場所に行って、ロバを見つけました。

愚　か　者	長　老　た　ち
① 何はさておき、ロバ小屋へ行った。	① 誰一人現場へ行かなかった。
② ロバの身になってみた	② 人間の立場で会議を開いた。
③「町の愚か者」とのレッテル	③「町のエリート」のつもり
共　感　能　力　の　あ　る　人	共　感　能　力　の　な　い　人　た　ち
「ロバの目で見、ロバの耳で聞き、 ロバの心で感じた人」	「人間の目で見、人間の耳で聞き、 人間の心で感じた」人たち

出所：Ｗ・Ｂ・ウルフ『どうすれば幸福になれるか』（一光社）を参考に作成

（付属資料20）ツール204　組織の活性度判定

No.	組織の特性	硬直化した伝統的組織	生き生きとした変化創造型組織	現状	改革後
1	組 織 構 造	階層型（集権組織）	分散型（ホリステック・チーム）	×	○
2	仕事のプロセス	複　　　　　　雑	シンプル（一気通貫）	○	○
3	個人の仕事範囲	狭 い （ 分 業 ）	広 い （ 多 能 工 化 ）	×	○
4	組 織 の 役 割	管 理（コントロール）	自律的（エンパワーメント）	×	○
5	上 司 役 割	管　　理　　職	コーチ・リーダー	×	○
6	社員の職業意識	雇 わ れ （ 労 使 ）	プロフェッショナル	×	○
7	満足させる相手	上　　　　　　司	顧　　　　　　客	×	○
8	評 価 対 象	行 動 （ 努 力 ）	結 果 追 求 （ 利 益 ）	×	○
9	報 酬 形 態	月 給 （ 時 間 給 ）	成　果　報　酬	×	○
10	賢いとされる行動	リ ス ク 回 避	チャンス創造（高リスク）	×	○
11	ほめられる行動	改善（マニュアル書き換え）	変革（シナリオ書き換え）	×	○
12	企業経営スタイル	維 持 延 長 （ 農 耕 ）	戦 略 追 求 （ 狩 猟・騎 馬 ）	×	○

出所：一橋大学大学院客員教授　三枝匡氏

（付属資料21）ツール259　伝票区分・相殺区分名称定義

伝票区分	相殺区分	税区分	区分の名称	伝票区分	相殺区分	税区分	区分の名称
100	スペース	課税	仕入	360	CQ	税抜相殺	EDI費用(発注データ・*専用帳票代)
101	A4	課税	仕入訂正	361	CR	税抜相殺	EDI費用(買掛データ)
				362	CS	税抜相殺	EDP費用
200	スペース	課税	返品	370	CV	不課税	リース料等
201	B4	課税	返品訂正	380	CW	不課税	クレーム代金
210	BB	課税	値引	381	CX	税抜相殺	欠品ペナルティ
211	スペース	課税	値引訂正				
221	BE	課税	納品訂正	400	EA	税抜相殺	出店・テナント諸経費
222	スペース	課税	納品訂正の訂正	401	EB	非課税	出店・テナント諸経費
				410	EC	不課税	テナント消費税預り金
300	CA	税抜相殺	売掛相殺	411	EE	不課税	テナント買掛入金等
305	CB	不課税	テナント掛売	420	EF	税抜相殺	出店電話代金
310	CC	税抜相殺	その他(税抜相殺分)	430	EG	税抜相殺	ギフト券回収
315	CE	税抜相殺	原料供給				
320	CF	税抜相殺	リベート	500	スペース	不課税	消費税
321	CG	不課税	リベート	600	GA	不課税	概算払
325	CH	税抜相殺	特別販促費	601	GB	不課税	戻入金
330	CI	税抜相殺	広告料	700	HA	税抜相殺	送金手数料
340	CJ	税抜相殺	物流費				
341	CK	税抜相殺	TC物流機器	800	IA	不課税	売上納品違算
342	CL	税抜相殺	オリコン・カゴ車賃貸料				
343	CM	税抜相殺	委託配送料(*欄外注記)	900	JA	税抜相殺	その他(税抜相殺)
				901	JB	非課税	その他(非課税)
350	CN	税抜相殺	文房具代替(ゴム印等)				
355	CP	税抜相殺	品質管理・検査代金				

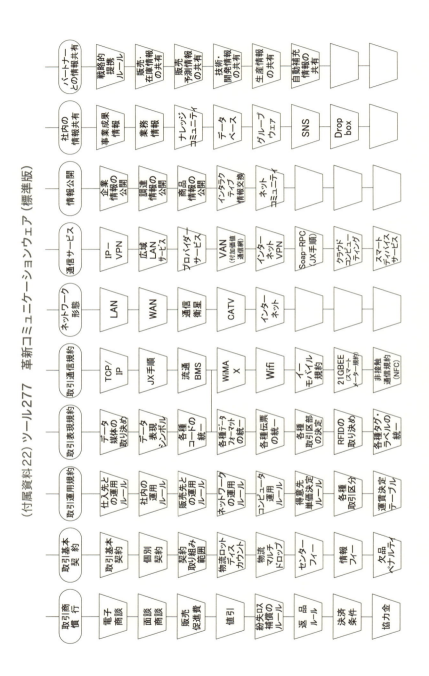
(付属資料22) ツール277 革新コミュニケーションウェア（標準版）

（付属資料23）ツール304　セキュリティソフトウェア

セキュリティソフト類型	ソフトウェアの内容
ウィルス・スパイウェア対策・ 不正侵入対策	① 感染ファイルの駆除 ② 脅威報告 ③ 予約検索 ④ 簡易検索 ⑤ ファイアウォール
迷惑メール対策	① 迷惑メール対策 ② メール内のURL危険度 ③ Webメール内のURLの危険度 ④ 外国メールのブロック ⑤ 詐欺メール対策
有害サイト対策	① フィッシング対策 ② 有害サイト規制 ③ 安全性評価 ④ SNSのURLの安全性 ⑤ URLのフィルタリング
複数PC管理 個人情報保護	① リモート管理 ② リモート検索の実行上の課題 ③ 個人情報の保護
その他のサービス 機　能	① 暗号化 ② PC盗難対策 ③ PC内クリーナー ④ セキュリティレポート ⑤ クレジットカードの保護
参考：セキュリティ・ウィルス対策ソフト比較TOP 　　このサイトにアクセスして検索すると、条件に合ったソフトウェアが検索できる 　　ようになっている。	

（付属資料24）ツール305　コミュニケーションソフトウェア

機　　能	ソ　フ　ト　ウ　ェ　ア
電子コミュニケーション	① 共同会議：電子的に共同で会議すること ② 非同期会議：入出力の完了を待たずに入出力処理をする ③ 電子メール：コンピュータネットワークを利用して郵便のように情報交換 ④ ファックス：画像情報を遠隔地に伝送する機器 ⑤ SNS：インターネット上の交流を通して、社会的ネットワークを構築すること
電子会議ツール	① インターネットフォーラム又はディスカッションボードと呼ばれるプラットフォーム ② オンラインチャット：リアルタイムメッセージを容易に管理するプラットフォーム ③ テレフォーニー：電話は、ユーザー相互が容易に管理できる ④ ビデオ会議：ビデオ信号とオーディオ信号を作った会議を行う ⑤ 電子会議システム(EMS)：参加者を分散収容する任意の場所で行うシステム
共同管理(コーディネーション)	① 電子カレンダーともいわれる時間管理ソフトウェア ② プロジェクト管理システム：プロジェクトのスケジュールの追跡 ③ オンラインブルーフィング：シェア、レビュー、承認を行う ④ ワークフローシステム：プロセス内のタスクやドキュメントの共有 ⑤ 知識管理システム：収集・整理・管理をし情報を共有する
電子掲示板(BBS)機能	① インターネット総合掲示板 ② インターネット専門掲示板 ③ インターネット画像掲示板 ④ 地方ローカル掲示板 ⑤ P2P 掲示板
ライブラリー機能	① 動的ライブラリー：表計算プログラム add-in 等の機能が典型 ② リモートライブラリー：離れた場所からのライブラリーがコントロールできる ③ 共有ライブラリー：ディスクやメモリー上のコードの共有 ④ オブジェクトライブラリー：現在は余り使われていない

(付属資料25) ツール315-7　子宮がんから守る血液洗浄水ビジネスモデル

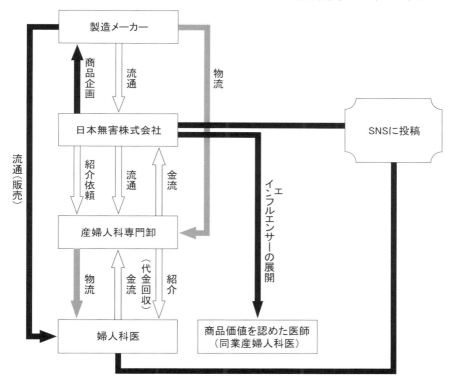

（付属資料26）ツール373　商店街事務所と顧客データベースの棲み分け

商店街振興組合

データベース項目
顧客番号
氏名
住所
電話番号
生年月日
性別
未既婚
職業
住居形態
勤務先
〃住所
〃TEL
登録年月日
新規再発行
友人紹介プログラム
支払方法（銀自他）
1回あたり支払最高額
支払回数
未入金高
前払金高
残高
DM発送TELアプローチ
D M 戻り
R F M
催事別実績
催事場ポイント
駐車場利用
お買い上（媒体）

商店街事務所（端末）

- カード申込書
- 顧客からの変更連絡
- 顧客データベース
- 端末
- 戻りDM

データ活用例

基本情報

- 商圏別アプローチ
- 電話取付けローンの販促
- 年代別アプローチ、誕生月、日アプローチ
- （25～35才）女性
- （20～25才）未婚の（女性）
- OLと女子大生
- 一戸建て
- 店舗近辺に勤務
- 最近1年間にカードホルダーになった
- 友人紹介御礼状およびお礼品

入金実績

- （3ヶ月以内に割賦完了する顧客
- 1回あたり支払高が20万円以下

販売促進

- （類似商品の）販促を最近行った顧客をカット
- DM戻りのない、無反応客にTELアプローチ
- （今年1～5月に）転居客にエアコンの販促
- RFMの得点が40点以上

購買実績

- （今年1月～6月に）ベッドを買った
- 今年1月～6月に（ベッドを買った）
- （最近1年間に）4回以上の購入実績のある
- （最近1年間のお買上合計が20万円以上）本店で買った

個店

データベース項目
顧客番号
氏名
住所
電話番号
生年月日
性別
未既婚
職業
住居形態
勤務先
〃住所
〃TEL
支払方法（銀自他）
割賦、ボーナス払、リボ他
支払回数
入金実績
DM発送TELアプローチ
D M 戻り
R F M
催事別実績
売上実績
お買い上商品
お買い上日
お買い上頻度
お買い上金額

- カードリーダー内蔵POS
- 顧客売上ファイル他

個店での買上条件に顧客基本情報を組合せよりダウンロードする。従って個店でのは、自動的に顧客マスターが作成される）

個店での独自DM発送したデータや個店自身でのお買上情報に限ってデータベース化する。

《編著者》

小林 勇治（こばやし ゆうじ）　　（第1章～第3章，第7章1「甲州屋呉服店」担当）

明治大学専門職大学院グローバルビジネス研究科修了（MBA）。
資格：中小企業診断士，ITコーディネータ。
日本NCR(株) 17年勤務後独立。04年～16年度まで早稲田大学ビジネス情報アカデミーCIOコース講師，イー・マネージ・コンサルティング(協) 代表理事，(株)ミーコッシュ経営研究所所長，(一社)東京都中小企業診断士協会中央支部顧問，(一社)日本事業再生士協会理事，東京都経営革新優秀賞審査委員長，日本で一番大切にしたい会社大賞審査員。
著書・編著：『中小企業の正しいIT構築の進め方』(同友館) ほか159冊。

日比 雅之（ひび まさゆき）　　　　　　　（第7章6「サンドナイス」担当）

中央大学商学部卒業。
(株)服部時計店を経て，HIBIマネジメントコンサルツ代表。
資格：中小企業診断士。
著書：『経営革新計画で成功する企業Ⅰ，Ⅱ，Ⅲ』
　　　『効率経営からおもてなし経営の時代へ』(いずれも同友館) 他多数。

《執筆者》

大石　泰弘（おおいし　やすひろ）　　　　　　　　　　　（第4章担当）

京都大学法学部卒業。
NECの半導体事業部門（現，ルネサスエレクトロニクス株式会社）に勤務。経営企画，生産管理に従事。米国，香港に駐在。2016年に独立し，常磐線沿線を中心に製造業の若手後継者の育成などで活躍。
資格：中小企業診断士，MBA，関東経済産業局長認定経営
　　　革新等支援機関。

磯山　隆志（いそやま　たかし）　　　　　　　　　　　（第5章担当）

法政大学卒業。
株式会社アルウォール代表取締役。
資格：中小企業診断士，ITコーディネータ，ITストラテジ
　　　スト，システム監査技術者，情報処理安全確保支援士。
著書・論文：「スマートフォンの最新セキュリティ」『JRS経
　　　営情報』，「従業員による非常識なSNSの投稿被害を
　　　防ぐ」『JRS経営情報』他多数。

土田　哲（つちだ　さとし）　　　　　　　　　　　　　（第6章担当）

明治大学卒業。
三菱電機東部コンピューターシステム(株)，(株)BSNアイネット，(株)ハーモニックを経て，現在「つちだ中小企業診断士事務所」代表。
東京都，静岡県を中心に，中小事業者に寄り添い，共に道を切り開く支援活動を行っている。
資格：中小企業診断士。

225

中谷 英聡（なかや ひでさと）　　　　　　　　　（第7章2「丸良興業」担当）

学習院大学卒業。
同年（株）明電舎入社　主に営業および経営監査業務に従事。2016年同社定年退職後独立、中小企業の人材開発、販路開拓、生産効率向上業務を支援。
資格：中小企業診断士、公認内部監査人。

増川 高広（ますかわ たかひろ）　　　　　　　　（第7章3「いきいきらいふ」担当）

東北大学卒業。
アズビル株式会社定年退職、現職：公益財団法人　東京都環境公社技術専門員。
資格：中小企業診断士、エネルギー管理士。
著書・論文：「経営課題を環境貢献で克服」『環境ビジネス』2012年2月、「省エネ実践法 オフィスでの省エネ」『JRS経営情報』2012年9月、他。

朝倉 久男（あさくら ひさお）　　　　　　　　　（第7章4「カートン光学」担当）

早稲田大学政治経済学部卒業。
住友商事、日本コカコーラ、大和製缶にて役員・部長を歴任。現職：NPOビジネスサポート理事長、東京都中小企業診断士協会副会長、日本包装管理士会関東支部理事。
資格：中小企業診断士、キャリアコンサルタント（技能士）、1級販売士、包装管理士、知的財産アドバイザー。
著書：『アドラー心理学によるマネジメントカウンセリング入門』（アルテ）、『BRICsとNEXT11のすべて』（PHP研究所）、『新事業で経営を変える』（同友館）他。

森中 祐治(もりなか ゆうじ) （第7章5「バルドゥッチ」担当）

慶應義塾大学大学院商学研究科修士課程修了。
シンクタンクの研究員，企業・資格指導校の講師を経て，現在，森中オフィス代表，秀明大学教授。創業支援，経営革新支援等で活躍。
資格：中小企業診断士。
著書：『新事業で経営を変える！経営革新計画で成功する企業part3』（同友館）他著書多数。

才上 隆司(さいじょう たかし)

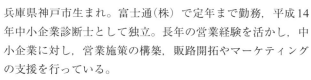
（第7章7「ビジネス・インフォメーション・テクノロジー」担当）

神戸商科大学商経学部卒業。
兵庫県神戸市生まれ。富士通(株)で定年まで勤務，平成14年中小企業診断士として独立。長年の営業経験を活かし，中小企業に対し，営業施策の構築，販路開拓やマーケティングの支援を行っている。
資格：中小企業診断士，生産性本部認定コンサルタント，販売士2級。

227

2018年6月30日　第1刷発行

新版「経営革新支援」の進め方
——中小企業診断士の正しい経営革新支援手法

編著者　小　林　勇　治
　　　　日　比　雅　之

発行者　脇　坂　康　弘

発行所　株式会社 同友館　〒113-0033 東京都文京区本郷 3-38-1
　　　　　　　　　　　　　TEL.03(3813)3966
　　　　　　　　　　　　　FAX.03(3818)2774
　　　　　　　　　　　　　https://www.doyukan.co.jp/

落丁・乱丁本はお取り替えいたします。　　西崎印刷／萩原印刷／松村製本所
ISBN 978-4-496-05355-9　　　　　　　　　Printed in Japan

本書の内容を無断で複写・複製（コピー），引用することは，
特定の場合を除き，著作者・出版者の権利侵害となります。